神奇的
校车

张小琼　武卫东　编著

中国社会科学出版社

图书在版编目(CIP)数据

神奇的校车/张小琼,武卫东编著.—北京:中国社会科学出版社,
2014.2 (2021.11 重印)
ISBN 978-7-5161-3630-0

Ⅰ.①神… Ⅱ.①张…②武… Ⅲ.①学校—营运汽车—安全管理—
世界 Ⅳ.①G471

中国版本图书馆 CIP 数据核字(2013)第 271221 号

出 版 人	赵剑英
责任编辑	黄 山
责任校对	许晓徐
责任印制	李寡寡

出 版	中国社会科学出版社
社 址	北京鼓楼西大街甲 158 号 (邮编 100720)
网 址	http://www.csspw.cn
发 行 部	010-84083685
门 市 部	010-84029450
经 销	新华书店及其他书店

印刷装订	北京君升印刷有限公司
版 次	2014 年 2 月第 1 版
印 次	2021 年 11 月第 7 次印刷

开 本	710×1000 1/16
印 张	10.25
字 数	175 千字
定 价	25.00 元

凡购买中国社会科学出版社图书,如有质量问题请与本社联系调换
电话:010-84083683

目录
CONTENTS

在美国，它是铁骨巨人，长着黄色的大嘴。

在日本，它是可爱的精灵，有着百变造型。

在澳大利亚，它是白色天使，宽敞舒适。

在环保的荷兰，它是灵活的自行车。

在贫穷的墨西哥，它变成憨厚的毛驴。

在冰雪世界，它居然成了破冰高手。

它驶进了雪域高原，也驶进了大山深处，

那里有它守护的花朵。

不论它是什么样子，不论在哪里，

它都坚持护送社会花朵去温暖的校园。

风雨无阻，日日同行。

它是强大的，也是脆弱的。

因为这里满载家庭的期望，国家的未来。

所以，我们全社会要

保护我们的校车和儿童，

放心驶去，平安归来。

　　本书以生动形象的语言描述了诸如美国的黄色校车、日本的卡通校车、加拿大的安全校车、瑞士的自行车校车等各国校车大观，介绍了各国校车管理制度、校车发展历史、校车结构等内容，在此基础上分析了中国校车的现状及其问题，并附录了中国关于校车的法律法规及安全规定，力图图文并茂，深入浅出，集知识性与趣味性于一体，希望广大读者特别是青少年读者喜欢。

校车是什么

　　校车，是指依照相关的法律规定，取得使用许可，由专门司机接送，特用于接送受义务教育的学生上下学的七座以上的载客汽车，要求设计安全，上下便捷，接送小学生的校车，应当是按照专用校车国家标准设计和制造的。

　　世界上第一辆校车是英国乔治·史利伯(George Shillibeer)于1827年制造的，它采用马作为动力，能载25名儿童。成立于1837年的韦恩校车制造公司，是一家制作这种校车的公司。1914年，在汽车发明之后，韦恩公司将马拉校车的车厢装到汽车底盘上，成为最早的机动校车。此时的校车的座位不像现在是全部朝前的，而是在车厢的四周装上一圈座位。

　　1927年前后，韦恩公司和另外一家校车生产商蓝鸟公司开始生产全金属车体的校车，由于其车体的黑色外观，当时叫作"儿童黑客"，"黑客"在当时的意思是指走固定线路的马车。这种校车和现在的校车设计基本相似。克朗客车公司在1932年制造出全钢车身的校车，也是当时最大的校车，能承载72名学生。

美国"大嘴黄"校车

　　由于美国加强了对校车的管理，要求校车必须是专业设计的，因此许多厂家看到了其中的商机，也纷纷效仿生产校车。其中，福特汽车公司生产的校车是最畅销的。美国的校车一般都是黄色的，颜色鲜艳醒目，发动机性能优良，前部凸出，又有个名称叫作"大嘴黄"。后来，世界各国及地区均开始推广校车，但各有特色。

　　美国对校车规定十分严格，要求校车有"客车的设施，卡车的骨架"。联邦政府和各州为校车制定的法律多达500多项，乘坐安全系数是私家车和公交车的40多倍。日本的校车大多用于幼儿园，为了鼓励儿童上学，校车生产商纷纷把校车外观设计得十分可爱，有各种造型。德国的校车秉承德国人严谨细致的作风，对乘坐校车的儿童也有严格的安全规定，在车内不能打闹，不能吃东西，更不准带玻璃瓶上车。

日本幼儿园校车

德国校车尾部

截至 2011 年年底，中国大陆对校车的管理还不成熟，校车事故频发。少数制造商推出了仿照美式校车的汽车产品。2011 年 12 月 11 日，国务院法制办发布了《校车安全条例（草案征求意见稿）》，面向社会征求意见。

美国的四种校车

　　世界上最典型的校车莫过于美国的大嘴黄校车，历史悠久，设计安全，乘坐舒适，尤其是卡车样的外形给人以坚固的感觉。这种外形有一个发展过程。

　　在 20 世纪 80—90 年代，美国汽车产业界将校车的制造商进行了一番整合，以便更好地控制生产质量。专业人士还将校车分为四种类型：Ａ型、Ｂ型、Ｃ型、Ｄ型。

　　Ａ型校车：Ａ型的特点就是其在校车中款型最小，人们通常称之为"短巴士"。Ａ型巴士多用于学校活动用车，它容量为 16—36 名乘客，重量超过 6 吨。

　　Ｂ型校车：Ｂ型校车比Ａ型校车在尺寸上大很多，乘客容量为 30—36 人，自身重量为 4 吨，与Ａ型重量相差 2 吨多，Ｂ型校车现在已不再使用。

　　Ｃ型校车：Ｃ型校车为最常见也是最普遍的校车，可容下 36—78 名乘客，重量为 13 吨。由于发动机性能要求高，所以车体前部向前凸出，形成了一个大嘴巴。至于这个造型的由来，是因为美国早期的校车都是由类似于国内老解放的比较安全坚固的卡车改装而成的，所以这个造型是一种风格的延续。

美国大嘴黄校车车身

　　D 型校车：D 型校车可以说是大巴的造型，也是学校能使用的最大的校车，在安全与配置方面的要求都非常高，它与 C 型校车的不同之处就是将车门安装在前轮前方，并且发动机不是前置的，而是中置发动机。它的最大乘客量可达 90 人，最大重量为 16 吨。一般来说，一台武装装甲车也不过 10 吨重，所以这种型号的校车可以说是钢铁战士了。

　　D 型校车于 1991 年停止运营。现在，不但在美国，而且在全世界，流行常用的是 C 型校车。

橙黄色校车之父

我们今日所见的橙黄色校车的诞生，还要归功于一位叫弗兰克·谢尔的人。

在美国教育史上，弗兰克·谢尔被称为"橙黄色校车之父"。

早期的校车并不是现在这个样子，而是有些类似马车。

1939 年，哥伦比亚大学师范学院教授弗兰克·谢尔博士在纽约市召集了一

最初的校车

校车之父弗兰克·谢尔

个校车标准研讨会，专门讨论制订有关校车制造和安全方面的标准。这次研讨会是由美国著名的洛克菲勒基金会用 5000 美元赞助举行的。当时阿拉斯加和夏威夷尚不是美国独立的州，因而只有 48 个州。这 48 个州每个州都派有教育部门和交通部门的代表参加，同时生产校车的厂家也都参加了大会。这次大会一共开了 7 天，代表们一共制订出 45 项有关校车安全的设计标准和规章。也正是在这次大会上，代表们决定巴士中只有校车才能漆成这种橙黄色的车身，叫作"国家校车橙黄"（National School Bus Yellow），并选择黑色来涂写车上的字迹，以增加早晚光暗淡时的可见度。由于有了这些标准和规则，美国的校车才开始走向标准化和安全化的道路，并且一直延续到今天。也正是由于弗兰克·谢尔博士的这些贡献，人们尊称他为美国的"校车之父"。

世界第一安全校车——加拿大校车

加拿大校车被誉为"世界第一安全校车"。除法规严格外，全国统一的规范标准从硬件上保障了孩子的安全。专为校车制定的法律，规定的各个标准涵盖了诸如刹车、转向、灯光照明、燃油系统整体安全、视镜、加热除霜设备和压缩天然气、压力容器等各个部件标准。这其中包括对校车坚固性和安全性的规定，包括校车翻滚时的保护、车身连接部分的强度等。

一日复一日，加拿大校车不疾不徐地穿梭于城市间接送孩子。每到一个既定的上、下车点，司机都会先亮起警示灯，然后将标有"STOP"（暂停）字样的红色八边形指示牌往外一扳。路上往来的其他车辆，犹如见到红灯，立即自觉靠边停车。等孩子们都上下车完毕，校车开走，这些车辆才能恢复通行。如果有人敢以身试法，不但会被罚款，还会被计入不良驾驶记录。

在加拿大，校车司机的招录比军队的政审还要严格。校车公司在招聘司机时必须对其资格进行审核，比如驾驶记录必须清白，必须通过联邦交通部的体质和就业前的药物测试，并且没有个人犯罪记录。司机不但负责开车，还负责

加拿大儿童在校车下车点

等待出发的加拿大校车

在孩子上下车时核对名字，不得疏漏。

此外，在加拿大的很多州，超校车是违反交通规则的行为，要被罚款、扣分。因此，校车是加拿大最安全的儿童运输工具，有关的死亡事故为零。

美国"大嘴黄"校车

　　早在 1939 年，在纽约哥伦比亚大学举办的一次关于校车运输会议上，美国运输行业就制定了国家校车体系的标准。标准确定了作为保证青少年安全的校车必须用黄色的车身涂装。后来，这就成为享誉世界的"美国国家校车黄金镀铬"，即"校车黄"，又因为美国校车前部凸出，所以就叫作"大嘴黄"。这样设计，在光线条件不佳的情况下也能够保证校车最为醒目，从而最大限度地保证学生孩子的安全。据记录，这次会议包括了美国 48 个州的交通官员出席并通过了关于制造安全校车的 45 个标准，包括规格、体长、天花板的高度、通道宽度等，标准极其详细，可操作性也非常高。

　　由于安全法规的严格要求，在美国，校车制造已经从传统的汽车巴士制造产业细分出来，形成了专门为生产安全标准更高校车的专业车产业。而且，从1932 年开始，美国的校车制造业就不断地提高安全标准，使得这个产业的安全系数不断升级。进入 21 世纪以后，美国主要的校车生产企业稳定地保持在 20家左右。

　　美国联邦法律法规对于校车安全运营的要求更加严格，比如在校车接送学生上下车时，所有途经的车辆都要停下，等校车完全安全装卸完学生，并将随车携带的"红绿灯"收起来，平稳地发动离开之后，才能恢复正常的交通运转。

　　因此，在美国，校车也成了人们心中可靠安全准时抵达的代名词，目前全美共有校车48万辆，每年提供约100亿学生人次的运输量。在学生上学的日子里，美国半数以上学生人口、达到2600万人次通过学校巴士运送。而且，这项服务几乎是免费的，也就是说不会向任何一个家庭直接收取任何费用，而是由每一个学区统一租用或购买的，在美国有近40%的学区采用校车承运商的模式来为学生提供这项服务。

　　美国的校车都免费搭乘，所有费用由政府负担。在加州，近来为减少政府财政赤字而削减教育经费，有的校区要求家长负担部分校车费用，结果加州政府被家长告上法庭。

威风的美国"大嘴黄"校车

美国校车：公路上最有特权的公车

在美国考驾照笔试中有一道题几乎是必考的，那就是在路上遇到校车停车上下乘客时，你该如何处理？美国法律规定：在公路上随意超越校车是违法的，如果校车要停车上下学生，后面的所有车辆必须停下来，等校车上下完学生，启动了，后面的车才能继续走。如果该车道是双向车道，而且中间没有隔离的护栏，或者隔离带宽度小于 5 英尺，那么双向车道的所有车辆都必须停下。所以你能在下午放学的时候，在马路上经常看到大批车辆停下来等校车的壮观景象。甚至我们有时能亲眼见到一辆正在执勤的闪烁着警灯的警车乖乖地停在校车后面等校车上下学生。

在美国的校车上，都有一个伸缩的阻拦臂横杆，上面写着红色"STOP"，只要司机把这根横杆伸出来，它的权限就是最大的，比警车、红绿灯的权限都要大。可以说校车是美国最高级别的特权车辆！就算是美国总统车队也要老老实实地给校车让路！

这就是美国的校车，美国公路上最有特权的公车。美国校车的特权至少包

美国校车停下上下学生时，后方的车辆必须停下

括以下几点：

优先通行；允许走公交专用道；停车上下学生时后方所有车必须停车等待，不能超越，包括总统专车；硬件武装到牙齿，管理比私家车严百倍。

以纽约州为例，虽然在行车过程中，校车优先级别并未高于急救等特勤车辆，但校车在美国道路上的地位可谓"特权"，所有过往车辆在校车上下学生的时候必须停车并保持距离。从 1940 年开始，美国很多州都在立法中规定了校车在公路上的这一"特权"地位。到 1970 年，全美所有州立法都做了如此规定。

除了关于校车的法律规定在不断升级之外，对于校车本身的硬件规定也在推进。1977 年，美国联邦政府一系列对于校车生产规范标准正式生效，规定校车的座位调得更高、校车前后钢板加厚等，总而言之，让校车整体在防撞性能上更胜一筹。如今的美国校车基本上都装上了摄像头和 GPS。

因此，有人形容美国的校车是客车的设施、卡车的骨架，安全性极其高。油箱四周有保护钢板，非常厚，将近 4 厘米，如果被撞倒，油箱不会漏油，更不会着火或爆炸。

美国校车车身也极度坚固，内部都是特殊加固的，前后左右全部加装了防撞钢梁、特殊加厚钢板，窗户上全部装着防弹玻璃，美国一辆校车价格都在几十万美金！ 而要知道丰田、凯美瑞等中档轿车在美国的售价只要 2.2 万美元，而一辆 Lexus 豪华 SUV 也只要 5 万美元。

美国校车的安全隐患，全部消灭在学生搭乘校车之前。怎样管理校车，谁来监督校车，都有严格的规定。在美国学校要申请一辆校车，从买车一直到司机的选择，还有校车行驶的线路，各个方面都经过一系列严格的检查才能批准。

由于美国校车的这些特权，美国校车发生事故频率极低，安全系数是一般汽车的 40 倍。

在电影《阿甘正传》中，弱弱的少年阿甘第一次登上校车去上学的场面给

美国校车极其坚固，看，这是悍马撞校车的结果

许多人留下了深刻的印象。事实上在今天的美国，除了正常孩子外，还有很多像阿甘这样先天有缺陷的学生也是搭乘校车从自己家出发去上学的。

有两个令人印象深刻的真实故事：

2006 年 11 月，在美国印第安纳首府，素以彪悍著称的一辆悍马撞上了停在路边的无人校车。结果，悍马半个车体被撞得粉碎，校车却安然无恙。

还有一个故事就是 2007 年，在明尼苏达州有一座桥突然坍塌，而当时正是交通高峰期，60 辆汽车掉进水中，造成很多人死亡、重伤。其中也有一辆正在运送学生的校车，但值得庆幸的是只有几个孩子受了一点点轻伤，其他人几乎都毫发无损。

最早的校车出现在英国

虽然最安全的校车在加拿大，但世界上最早的校车出现在 1827 年的英国伦敦。位于伦敦东北部的桂格燕学校使用一种专门设计的马车接送学生上下学，这就是最早的校车。这种校车可以乘坐 25 名学生。

但英国校车的发展不如美国那样普遍，在较长时期里，英国没有为校车设立统一标准，而且校车服务的提供是由学校和公交公司合办的。各个中小学校在每学年开学前都会对学生进行调查，统计需乘坐校车的人数以及学生住址，然后把详细的资料提供给公交或租车公司，后者则根据资料确定所需校车数量、种类，并设计出适当的路线，而学校向其租用车辆及司机，陪同老师则由学校安排。但校车服务基本都能保证高安全性，严格使用安全带等设备。英国的普通公共交通系统也十分发达，且对 15 岁以下的儿童免费，对 16—18 岁的学生半价优惠，因此也有不少学生乘坐公交车上下学。

公立学校租车费用由各地方政府纳入教育预算，符合条件的低收入家庭儿童可免费乘坐校车。普通学生乘车费用由家庭支付，会由学校出面统一办理较

中规中矩的英国校车

优惠的学期卡。私立学校的校车大多是由学校自办，舒适方便，费用不菲，且由家长承担全部校车费用。

2004年，由英国多个政党的官员、专家组成了"黄色校车委员会"，开始对原先的学校与公交公司合办校车模式进行改革。委员会在西约克夏郡开展了"黄色校车"试点项目，这一项目因效仿美国校车使用黄色外观而得名。项目为当地78所小学和52所中学提供了206辆高质量校车。车身均为显眼的黄色，车内装有监控设备，车座上配有安全带，座位上还装有CD播放机、广播等娱乐设备，每个学生都有固定座位，驾驶员也接受过严格训练。学校定期收集学生与家长的反馈，以不断改进校车服务。由于政府对公交运营公司进行巨额补贴，这种校车的收费十分低廉。该项目进展十分顺利，因此一些社团游说英国政府将这一项目推广开来。

日本的卡哇伊校车

　　日本人做事严谨细致，对于校车更是一点都不敢马虎大意，不但注重安全性，而且在趣味性上也大作功夫。日本的幼儿园引进了非常可爱的校车，吸引小朋

可爱的日本校车

火车造型的日本幼儿园校车

友们喜欢上乘坐它，从而让他们爱去幼儿园。相对于美国、英国、加拿大等国家幼儿园校车的健壮威武，日本的校车走的是萌的风格，让小朋友十分乐于乘坐校车。

另外，日本所有的校车车身上都有黄色的三角提示标志，再配上车子醒目的车身，可爱的装扮无疑都会引起路上绝大部分行人、司机的注意，提醒大家及时避让。

日本人的时间观念很强，幼儿园通常会为每条校车线路安排一位组长，同一条校车线上的每位学生家长事先也都会拿到一个编号和通讯录。遇到突发状况，比如晚点这样的情况，哪怕是 1 分钟，组长都要负责告知 1 号家长"校车晚点，可迟些出门等车"，然后由 1 号家长通知 2 号，2 号再通知 3 号……

除了司机，日本的校车上多半还会有一位全程陪同的老师，有时候是学校里的生活老师，有时候是自愿做义工的家长。上车时，老师必须先下来数孩子，并送上车，自己最后再上；下车时，老师则要先下来。再数一遍学生人数，挨个拉着手扶下车，亲手交给学生家长再回到车上。日本校车驾驶员大多是经验丰富的中壮年。

日本每家幼儿园都有卡通造型的校车。不过，到了中小学阶段，除一些私立学校外，公立学校都不再开通校车。日本提倡中小学生自己坐公共交通工具上下学，条件允许的，则更鼓励步行。上小学后，老师会根据家庭住址的不同区域，告诉班上学生，哪些人住在同一区域，鼓励他们步行回家途中结伴同行。

香港的免费穿梭校巴

香港地方狭窄，但交通发达，不但有港铁、公共巴士、邨巴、小巴等，而且欧美、日本那样的专业校车服务也非常严格，有一些私立幼儿园和私立中小学校不但提供校车，还额外提供增值服务，如保姆照料。香港的校车其实是免费的穿梭巴士，如行走校园内的中大、港大校巴等，是介于公共服务和学生接送的车辆。这些每日穿梭于香港港九新界各区的校巴，有条不紊地担负着接送学生的使命。校巴安全舒适，而要付出的乘坐费用也不少，价钱贵过同等公共交通好几倍。校车的开支，除了购车、座椅及跟车保姆开支等基础保障外，还包括油价、维修费、停车场、养路费及保险费用。在这种情况下，学生家长一般要月交 300—800 港币不等，比同等车程公共车的费用贵过几倍。不过家长为了孩子的安全舒适都乐于缴费。

香港的中小学是在学区内用电脑派位分配学生，所以学生的居住地可能离学校很近，也可能很远，学生的居住地区难免十分分散。一般在每学年开学的时候，学校会发放表格统计学生的搭车意愿，三年级以下的班级，因为学生比

香港学校的私家小巴

较年幼，大部分学生家长都会表示愿意，高年级以后搭校车的比例相对少一些。

香港校车可分为两种，学校校巴和保姆车的私家小巴。但不论是什么车，都必须按照香港法律规定，首先在有关部门注册并在指定运行的专门路线上行走，车身还必须印上"学校私家小巴"和英文"SCHOOL PRIVATE LIGHT BUS"的标志。车身颜色也是黄色的，这样看起来十分醒目，可以有效地提醒过往车辆避让。

香港运输署针对校车的管理规定十分严格，比如校车必须安装安全带，乘坐校车的学生也必须系安全带，一旦违规被查出将受到严厉的罚处。校车还必须配备跟车老师或者家长随行。下车时，高年级学生可以自行下车回家。但三年级以下的年幼的学生，老师必须亲自交到家人的手里。

校车超载在香港是严厉禁止的，如果被检控超载，首次定罪将处罚款5000港币及司机监禁3个月；如再次被定罪，可处罚款1万港币及司机监禁6个月。

现在，香港运输署又出台新规定，要求校车必须装设"保护式座椅"，即采用防火材料制造并加防撞软垫的高背座椅，每排座椅之间的距离尽量减少，由此降低车辆发生碰撞时学生被抛离座位的概率及受伤程度。

 德国的校车

在德国，校车并不是大多数孩子上学使用的主要交通工具，因为德国国土

面积不大，私家车和市内交通基本上能够解决孩子就近上学问题。而且德国为

德国奔驰校车

了避免孩子上学期间遇到交通繁忙的状况，小学一般不会像中学以及大学那样建立在城市中心地区。

德国的校车主要是行驶在城乡接合处，或者是一些比较偏僻、人口覆盖率较低的地区。因此，学校自己一般没有专门的校车，而是由公交部门提供车辆给校方使用，学校承担一部分费用。德国校车基本采用奔驰，也有用美国福特小巴改造的校车，车的性能极其优异，校车一般就是奔驰的大客或者小客。

兼做校车的公交车除保证孩子们上学和放学的时间段内的使用外，其他时间还是按照原有路线行驶。德国的校车都有统一标识，是一个橘黄色的警示牌上，画了孩子的图案。而且校车靠站停驶的时候，安全警示灯必须亮起。

德国交规里，校车在德国属于特权车辆。当校车即将靠站、安全警示灯亮起的时候，任何车辆不得超车；当校车已经靠站停稳后，安全警示灯亮起的时候，任何车辆只能以每小时6公里的速度缓慢超车，并且和校车保持一个车身的距离，避免伤害到忽然上下车的孩子。

福特小巴改造的德国校车

　　在德国，任何有学校或者幼儿园的区域，因为孩子出现比较频繁，都会被设定为 30 公里时速区。在这一区域内，任何斑马线的地方都没有红绿灯，但只要有行人穿越马路，司机必须停车等候。这两点措施从根本上避免了司机行驶过快或者是注意力不够集中，不注意行人，只注意红绿灯。

澳大利亚的白色校车

　　澳大利亚的所有校车都被漆成了白色，不过除了颜色不同之外，校车的外观与普通巴士没有什么特别的不同。全国的中小学生们都可以向政府部门申请乘坐校车上学。校车的运营由专业的交通公司承担，政府则负责审核他们的资质并签订委托协议，至于学生和家长，不需要为校车支付任何费用。

　　澳大利亚校车的特别之处在于对于校车司机的管理。一方面，司机是位提供校车服务的多面手，司机上岗前，要接受很多专业培训，诸如如何与孩子打交道、医疗急救等。同时，他们还必须遵守将近四十条的条例和禁令，包括确保车辆行驶途中每个孩子都有座位；开车前 8 小时内严禁饮酒；如需服用药物，必须出示"服用此药物不影响司机行为能力"的权威证明。

　　另一方面，校车司机也是一位管理老师。政府公报条令规定，如果车厢内人声嘈杂，司机可将制造噪音的学生安排到指定的位子上，不服从的学生将被课以 100 美元罚款。司机有权终止学生乘校车的资格。

　　澳大利亚校车的承包商必须对自己及所辖的司机从严管理，确保都有从事与孩子相关工作的资格证，且没有过期或被吊销，及时掌握司机是否有不良或犯罪记录等。一旦被发现有违反的行为，承包商要么破财被处以 6 万美元（约人民币 38 万元）的罚款，要么被判 5 年的有期徒刑。

在澳大利亚，校车也不是想坐就能坐的，必须同时符合五大条件：年龄介于 3 岁半至 19 岁；就近入学；一周 5 天上学日里，有 3 天在学校；家与学校至少距离 4.5 公里；远离公共交通设施。自行开车接送孩子的家长，想申请交通补助，也必须符合上述条件。一旦发现父母只是上班途中顺路将孩子送到学校，补贴将立即取消，不可谓不严。 家长交通补助，一学期结算一次。按总里程算，每公里 19.89 美分（约人民币 1.27 元）。收到补助的同时，家长又可以填写下一学期的申请表了。

澳大利亚白色校车

让阿姨驾驶的泰国校车

　　泰国是个发展中国家，但是也在推广校车服务。在首都曼谷，由于严重拥堵的交通状况，每学期开学前，市政府都会向家长们发出倡议，劝他们尽可能让孩子乘校车上下学。同时，郑重承诺会保证孩子的安全。

　　泰国校车由学校自己管理，因此学校条件不同，校车质量也不同，一般都是可供十几个孩子坐的空调面包车。由于路途遥远，很多孩子一上车就睡觉，因此陪同的老师就时刻盯着每个孩子，以免急刹车或有意外发生时小孩子被磕碰受伤。

　　泰国有个规定，校车必须让女司机驾车，这是因为很多家长反映女司机比男司机更谨慎、细心、温和。由于用了女司机，所以原本用私家车接送孩子的家长

泰国校车

阿姨做司机的泰国校车

才放心让他们的孩子乘校车。此外，泰国的校车都有安全灯，在交通拥挤的区域会一直闪黄灯，以让其他车自觉地"避让三分"。

　　由于泰国校车是根据乘车线路分配的，因此一辆车上可能既有幼儿园的小朋友，也有高中生。此时，老师通常要求大的照顾小的，也为彼此提供一个学习相处的机会。尤其是一些国际学校，学生来自不同国家，校车就像个"小联合国"，混杂着各种各样的语言，也让校车充满了和谐的气氛。

荷兰的自行车校车

荷兰没有真正意义上的校车。即使有的学校配备了校车，那也是由公交公司具体给特殊学生提供的。这些特殊学生包括失聪、失明、残废的学生。其他学生的交通安全便由家长自行安排。而家长们则用一种特别的自行车，叫作bakfiets。载人的位子在前面，可以坐好几个小朋友，骑车的人在侧后方。这种设计的理念在于坐在前面的比后面安全。

荷兰的小学很多，但学生少，一个年级的学生可能只有十来个人，一所普通规模的小学也一般不超过150个学生。这样就可以保证学生上学最多10分钟的路程，所以一般就不用如同美国的巨无霸那样的大校车了。而且，荷兰小学生必须考自行车证书，因为荷兰没有山，除了海边的小丘，其他地方都是平的。荷兰政府更是支持大家在假期的时候骑着自行车自由自在到处旅行。因此，第二年级到第四年级的小学生们的休闲课包括骑自行车，他们第六年级的时候，学校会教交通知识，年末便是自行车考试。考试合格的话，学校会颁发自行车证书。对于孩子们来说，有自行车证书是一件值得骄傲的事情。这也间接地鼓

荷兰的自行车校车

荷兰自行车校车小巧环保

励了他们骑自行车。

　　荷兰新近制造了新型自行车校车，可以让小朋友们在老师的带领下一起骑校车上学。校车带有备用雨棚，也备有电马达用来在上坡时给点力。每辆这样的自行车校车价值约 15000 美元。

温暖的韩国校车

　　韩国国家行政安全部规定，校车一般为 11 座以上的旅客载运运营车辆（将一个儿童当作一个成人看）。韩国校车颜色也是黄色，座椅安全带必须适合儿童身体结构特点，可以自由调节松紧度。校车的座椅制作精良，达到了专门的儿童汽车椅标准，既安全又舒适。

　　韩国校车的前部和后部必须安装两个红色标志灯和两个黄色标志灯，每分钟闪动频率在 60—120 次。右前侧挡风玻璃或右侧车门处以及后挡风玻璃的中央靠下位置粘贴"儿童保护车辆"标志。前面标志的规格为长 40 厘米、宽 15 厘米；后面标志规格为长 50 厘米、宽 20 厘米。标志底色为青绿色，字为橘黄色，材料使用厚度为 1 毫米以上的新型透明立体有机玻璃。当校车的双闪灯亮起，暂时停车有学生上下车时，同车道后方车辆及其旁边车辆均须自动减速暂停，待儿童上下学接送车辆启动驶离，确认无学生安全事故隐患后，方可慢慢驶离。

　　校车采用可自由升降活动式的下车口脚踏板，第一级台阶不高于 30 厘米，

韩国校车非常注意细节

第二级台阶不高于 20 厘米。

　　在未设置中央车道公共汽车专用线路或单行车道上，反方向车辆必须停车让行或让道给儿童上下学接送车辆，确认无安全事故隐患后，方可慢慢驶离。遇到标明"车内有儿童、幼儿搭载"的车辆，所有车辆都"不得抢先超越通行"。在韩国，校车可以使用公共汽车专用线路的。在没有明确标志的车道，校车也可以优先通行。韩国校车规定接送儿童应有教师、保育员、体育设施管理员等相关保护工作人员一同乘车。

俄罗斯农村校车计划

俄罗斯的农村地域广大，因此，政府特别出台了农村校车计划。该计划规定，校车在确定的时间段，沿确定路线，专门接送农村学生上下学。学生可以免费乘坐校车。校车不得作为开展商业性经营活动的交通工具使用。

根据农村校车计划，校车由联邦政府与联邦主体共同投资。从 2006 年开始，每年从联邦政府预算中划拨 10 亿卢布（1 卢布约合人民币 0.2 元），用于购置新车、更换旧车，购置的校车归联邦主体所有，由联邦主体自主分配到各个学校。农村校车计划的实施，使十几万农村学生受益。

由于俄罗斯地广人稀，不得不撤并学校，在农村地区村一级只保留小学，因此小学毕业以后，学生需要到外村上学，所以乘坐校车的学生数量逐年增加，有的地区，估计 20 人中就有 1 人每天坐校车往返学校。

校车安全也是俄罗斯社会关注的问题。俄罗斯联邦教育科学部要求农村校车计划购买的所有校车必须符合在农村复杂的地形条件下运送学生需要达到的各项指标，并对购置的校车提出 40 多项要求，包括校车车身必须为鲜艳的黄色，车上必须备有多个急救药箱，校车设计必须充分考虑残疾学生的需要等。同时，由于俄罗斯部分地区冬天的恶劣天气，购置校车须考虑具体地区的气候特点，如北方地区必须配备冬天专用汽车，以抵抗严寒。

俄罗斯还制定并实施了《运送青少年汽车技术要求》，并多次修订。其中，第四部分对校车载重量、空间设计、座位尺寸和朝向、车门规格、安全指标等作了详细规定。还要求校车最高车速不能超过每小时60公里，校车必须配有符合国家标准的限速器。梅德韦杰夫曾经针对校车问题发表讲话，指出校车必须在技术设施、舒适程度和安全方面达到相应要求。他指出："无论多么想支持国内生产企业，我们都不能购置不符合技术标准、不能保证质量、达不到安全要求的汽车，更何况是给孩子用。"

由于俄罗斯生育率不足，因此中小学生人数较少，甚至有的中小学校学生人数居然不足10人，因此校车车型均为小型汽车。俄罗斯自己设计的卡玛斯校

出口俄罗斯的中国校车

车可容纳 13 名乘客：11 名儿童及 2 名陪护人员。车顶高 1.9 米，成年人或高个子的中学生也不会感到拥挤。降低侧门脚踏板的高度可方便学生上下车，而专门设计的行李架可用于存放手提箱和背包，且车后方还有专门的行李存放处。该车型还配备儿童通风口、取暖设备和强制通风系统，可保证乘客高度舒适性。而且每个座椅都配备三点式安全带。司机还可以通过球面镜和摄像监控系统来观察车舱内情况，每排座椅都安有与司机沟通的紧急按钮。

俄罗斯对于驾驶校车的司机也提出相应要求，只有至少在最近 3 年一直担任客车司机的人才有资格成为校车驾驶员。俄罗斯还专门调查学生的乘车意愿：一般情况下，家长同意孩子坐车 5—10 公里去学校，儿童则同意坐车 10—15 公里。最终农村校车计划决定，将学生乘坐校车的距离控制在 10 公里以内。

稀奇古怪的校车

　　墨西哥是个发展中国家，为了解决边远地区学生的上学问题，地方政府也是绞尽脑汁。新闻报道，墨西哥瓜纳华托州中部城镇一小学给较远的学生发了26头驴，让原本长途步行上学的学生当作校车。当地居民大多是农民，生活十分贫困。由于配备以及维护校车所费昂贵，校方为保证学生的出勤率才出此奇招。9岁的马里亚娜·瓦尔加斯是该校的一名学生，她家距离学校约5公里，如果行走的话，单程约一个半小时。获得了这种新的"交通工具"之后，她说："我以前走路上学，下雨或者天气寒冷时，我就不去了，只有晴天才肯去学校。自从有了'校驴'之后，我每天都会去学校。"原先，不少农村学生在天气恶劣的时候，冒寒风和大雨上学步行十分艰难。校方希望配备"校驴"之后能提高学生的出勤率，因为出勤率直接影响学生们获得的政府资金。

骑着校驴上学

　　在美国威斯康星州一个小镇的一辆校车是冰上校

车。因为该镇的孩子们必须越过苏必利尔湖到邻近的市里去上学，但这个美丽的湖泊在一年之中却大半年都是冰冻的，所以便有了这样一辆古怪的冰上交通工具。这辆校车有个名字叫作"风雪橇"，重 9000 磅，准载 20 名学生，建于 2000 年，花费 50 万美元，每年的维护费近 2 万美元。

冰上校车——风雪橇

美国的模范校车司机

《人民日报》曾经刊发了一篇关于校车司机的文章，讲的是一位旅美华人与美国校车司机温迪的故事：

两年前，我被派到威斯康星州的一所公立中学支教，在那里结识了住在我对面公寓里热情似火的温迪。

温迪是一位校车司机。美国的校车主体是黄色，车身上印有黑色大块条纹，车头上喷着醒目的"School Bus"（校车）标识。温迪开的校车从外观上看，和普通校车没多大区别，但她驾驶的是一辆特殊的校车。说它特殊，一是因为乘坐的都是残疾学生，因此在校车的尾部装载了一架升降梯，方便残疾学生乘轮椅从后部上下车；二是行驶的线路特殊，由于残疾学生散居在附近的东西南北，而且要分送到不同的学校去，所以这辆校车就得到处转。

温迪的工作很辛苦，我很佩服她的敬业精神。然而，一个严寒的早晨，我要出去参加一个会议，正好目的地是温迪的校车经过的地方，我前一晚就找到她，

美国校车司机富于人情味

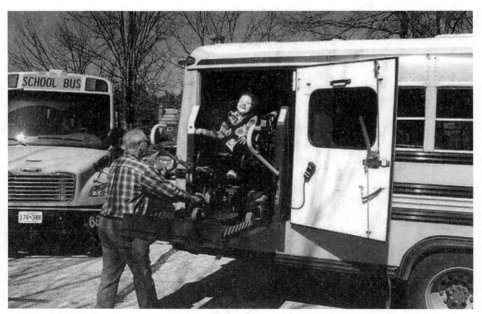

接孩子下校车

希望第二天能搭乘她开的校车去，温迪却毫不犹豫地拒绝了。威斯康星州的冬天气温和中国的哈尔滨差不多，当我一大早冒着严寒出去找计程车的时候，心想：这个美国人，一点人情味儿都没有。之后又有一次，我买了很多东西，正站在路边等车，碰巧看到温迪开的校车过来了。看看时间，我知道温迪已经送走了所有学生，校车是空的，我便大声喊她，并一个劲地冲她招手。温迪把车停在路边，走下车问我发生了什么事。当我表示想搭她的车时，温迪的头摇得像拨浪鼓似的，并且威严地告诉我："除了司机和学生，任何人都不准坐校车。"我说，反正车上也没有学生了，就坐一次吧。可话音未落，温迪已经转身上车关闭了车门。

　　温迪知道我因为这件事生气了，专门买了鲜花向我道歉，并给我讲了关于美国校车的很多规矩。除了温迪向我强调的不准其他人坐校车的规定外，美国联邦政府和各州为校车制定的法律法规，加起来竟有 500 项之多。美国校车的驾驶座外面，都有一个可以活动的八角形的"停止"指示牌，形状酷似大象的耳朵。学生上下车的时候，只要司机把那个牌子张开，后面所有的汽车，哪怕是警车甚至是总统的座驾，都必须停下来。温迪还拿出《驾驶员手册》给我看，《手册》中有一段用红色大号字体标注的警示语："孩子的生命安全超过一切最有价值的财富！"

中国校车发展简况

　　中国于 2010 年 7 月 1 日起，施行了"专用校车标准"，但这个标准不是一个强制执行的法规，因此各地方都是根据本地具体情况执行的。其中，部分城市早在标准公布之前，就已经开始了一些关于校车的试探性措施。

展会上最新的中国校车

在北京，中小学校车使用主要包括学校自备车、学校租用客运公司客车、单位自己开通班车、家长自行组合租用私人或社会车辆及校办企业联合社会企业从事校车运行。

在天津，2003 年就开通了学校专线，但仍属于公共交通线路性质，因此，除了中小学生、老师外，学生家长接送学生也可以乘坐学生专线。天津的公交学校专线起点站设置在大型居民区，终点站设置在学校，沿途只在居民区和学校周边设停靠站。为方便学生们乘坐，学校专线的运营时间将按照学校上课和放学的时间运营，初期只在早晚高峰阶段运营。每周一至周五运营，周六、周日、法定节假日和规定的寒暑假期间停运。

按照国家标准的规定：校车的标识

　　校车车身外观标识由校车标志、中文字符"校车"、中文字符"核载人数：××人"、校车编号和校车轮廓标识组成。

　　校车标志颜色为红色和白色，其中中文字符"校车"为红色。

　　17m 及以上长度的校车采用规格为 460mm×460mm 的校车标志。其中中文字符"校车"字体为华文琥珀，字符"校"和"车"高为 90mm，宽

校车标志式样

为 102mm。

7m 以下长度的校车采用规格为 380mm×380mm 的校车标志，也可同比例缩小。

单位为毫米

校车标识的尺寸

校车标志位于车身两侧前部 1/4—1/3 处之间。7m 及以上长度校车的校车标志涂装粘贴位置见附录 A 的侧视图。

中文字符"校车"颜色为红色白边，字体为华文琥珀，字符"校"和"车"高为 300mm，宽为 300mm，白边宽为 12mm。中文字符"校车"位于车身前风窗玻璃下空白处中央，字符间距不大于校车宽度的 2/5。

中文字符"校车"式样

中文字符"核载人数：××人"字体为黑体，字高为 75mm，颜色为黑色。中文字符"核载人数：××人"位于车身右侧校车标志右下方，涂装位置见附录 A 的右侧侧视图。

校车编号为 4 位数字字符，颜色为黑色，字体为 Arial，字高为 100mm，式样见下图。校车编号有两组，位于车身两侧最后部，涂装位置见附录 A 的侧视图。

0000

校车编号式样

校车轮廓标识高度为 50mm，长度为 300mm，间隔不大于 300mm。校车轮廓标识颜色为荧光黄绿色。校车轮廓标识贯通车身侧围中部、后围中部和应急门轮廓。

涂装式样：车身通体底色为黄色。

除上述规定涂装元素外，可在车身侧面中部或后部涂装学校名称或英文"SCHOOL BUS"，车身不应涂装其他内容。

农村娃的自备校车

进入 21 世纪以来，中国人口出生率下降，尤其是在农村，适龄儿童大幅减少，许多中小学被迫停办或者合并了。有的地区由早些年的"村村有小学"如今变成了"三个村才有一所小学"。由于农村地区大多数家庭处于散居的状态，孩子上学就不得不长途步行，甚至翻山越岭，条件好一点的地区，就出现了合伙租车。比如，湖南省某村有孩子在镇上读书的 10 多户农民就一起把上初中寄宿部的孩子们送上一辆租来的面包车。由于寄宿的学生一个礼拜回家一次，学校里没有专门的车接送，家长们不得不合租一辆面包车。星期五去学校接，星期日再从村口送到学校。

这并非特例，撤点并校让原本在村里读书的孩子开始搭车去乡镇甚至县城上学。因此，上学的路途越来越遥远。某些地区，在撤点并校前，幼儿园、小学的覆盖半径不超过 1.5 公里，初中的覆盖半径不超过 5 公里。撤点并校之后，幼儿、小学生平均上学距离 3.1 公里，初中生 8.2 公里，最远达 15 公里。平均单程上学所需时间，初中生为 70 分钟，幼儿、小学生约为 40 分钟。

常用作农村校车的面包车

于是，每到上学、放学的高峰期，农村中小学校门口，通常就会看到一群群孩子从家长租用的面包车或者敞篷三轮车里上下。

这些运输工具都是非法改装的，性能既不舒适，更不安全，而且超载驾驶的情况屡见不鲜。于是，就有了一幕幕的惨剧发生。

校车超载现象严重

2006 年以后，由于中小学生数量的减少，教育部推行村小合并制度，许多孩子的上学之路变远了。很多农村孩子要到十几里甚至几十里以外去上学。而城市的孩子们呢，由于城区扩大，交通线路延长，或者因为父母工作买房的缘故，一些孩子也要在路上走一到两个小时去上学。因此，校车就成了一种需求。但学校在提供校车的同时，为了节省成本，超载就成了一种普遍现象，请看：

2006 年 11 月 28 日晨，郑州民警经过蹲点守候，将一辆载了 16 名孩子的松花江面包车查扣。面包车内座位被拆除，用几根麻绳充当小孩子的"扶手"。

2012 年 11 月 28 日上午，福建省泉州市公安局交警支队泉港大队交警在辖区路段执勤时发现，一辆核载 9 人的幼儿园校车，实载 23 人。随后，交警调来车辆将孩子们转运到幼儿园，然后依法处罚了驾驶员。

11 月 23 日，湖北省襄阳市襄州区交警在襄州区园林路查获一辆核载 11 人，实载 36 人的幼儿园校车，小朋友有 34 人，司机、老师各一人。该车就是襄阳市襄州区北大之星幼儿园的校车。襄州区交警部门称，由于严重违反交通法规，该校车司机最高可被拘留 15 日。

还有更可怕的，在巢湖市炯炀镇，一些三轮摩托车充当起了"校车"的角色，大部分超载严重，以致险象环生。

在一些农村地区，学校干脆用更方便、利用率更高的货车来代替小客车或者中巴、小巴车。上下学，货车拉人，平时可以拉货。比如，广东梅州市五华县郭田镇某小学放学，一辆限载半吨的小货车从县道疾驰而来，车厢围了铁栅栏，上面居然站了 50 多名学生。

被用作校车的简陋货车有很多安全隐患

频发的校车翻车事故

　　据全国中小学生交通安全办公室近日透露的数字显示：在我国，平均每 41 秒钟就会发生一起车祸，每天有近 40 名中小学生死于道路交通事故。学生因乘坐不规范的校车而引发的伤亡事故在全国各地屡有发生，严重威胁着广大中小学生的人身安全，也影响着社会的稳定。

　　2012 年，屡屡发生的校车安全事故让人触目惊心，逝去的鲜活的小生命让人扼腕叹息，看看下面的这些数据：

　　（1）河南省鹿邑县校车事故。2012 年 2 月，一辆载有 14 名小学生的面包车，在河南省鹿邑县的公路上与一辆大巴车发生碰撞，1 名小学生当场死亡，2 人重伤。

　　（2）广东阳春市校车事故。4 月 9 日，在广东阳春市的一个交叉路口，金龙育才幼儿园校车被一辆大货车从侧面碰撞，致 3 名幼儿死亡。据官方证实，校车核载 11 人，实载 19 人，其中幼儿园学生为 17 人。

　　（3）河南省濮阳市校车事故。6 月 11 日，河南省濮阳市张仪村的一条街道上，一辆超载幼儿园校车发生燃烧事件，4 名幼儿死亡。

（4）湖南邵东县校车事故。6月20日，湖南邵东县廉桥镇五彩风车幼儿园，一名3岁幼儿被遗忘在校车内长达7个小时，被活活闷死。

（5）济南高新区校车事故。7月17日，济南高新区开元路和海川路交界处，一辆满载幼儿园学生的校车和一辆丰田轿车相撞。1名幼儿经救治无效死亡。

（6）湖南省永州市校车事故。10月18日，湖南省永州市永连公路，一辆载有48名师生的大巴车翻下三四十米深的山崖，4人死亡、44人受伤。

（7）山东省高密市校车事故。12月14日，山东省高密市姜庄镇，一辆幼儿园临时校车翻入水沟，2名幼儿死亡，5名幼儿受伤。

（8）湖南省宁远县校车事故。12月17日，湖南省宁远县一辆校车为了避让迎面开来的车辆，发生侧翻，造成3人受伤，1人送医院抢救无效死亡。

（9）江西省贵溪市校车事故。12月24日，江西省贵溪市滨江镇洪塘村一载有15名幼儿园学生的面包车侧翻坠入水塘，导致3名幼儿当场死亡、8名幼儿经抢救无效死亡。面对镜头，江西校车事故肇事司机周春娥表示，学校没有足够的财力雇用正规的司机才导致了悲剧的发生。

校车闷死事故

2012 年，上海市气象科学研究所周正强研究员的报告《幼儿园校车闷死小孩事件与气温条件》指出，一旦气温超过 26℃，独自留在车内的儿童就可能遭遇致命的车内热射病。炎炎夏日，他提醒家长老师提高警惕，防止悲剧发生。

儿童体温上升、身体水分散失的速度比成年人快，他们的呼吸系统和耐热能力又不如成年人，而在阳光直射下，密闭车厢内的温度可在 1 小时内上升约 20℃，假设车内最初温度是 26℃，1 小时后就会超过 40℃，在这样的高温下，儿童很容易因体内热量过度积蓄而引发神经器官受损，即热射病导致死亡。2009 年，日本一幼儿因老师出现失误而被置于车中无人看管，被晒 3 小时后脱水而死。近几年，国内这样的惨剧也频频发生：

2007 年 5 月 29 日，安徽省肥东县某幼儿园一名 3 岁幼儿被滞留校车内 6 小时，在当日合肥市接近 30℃的高温下，没有任何自救能力的孩子最终昏迷死亡。

2007 年 8 月 8 日，山东济南某幼儿园 5 岁儿童被接送孩子的两位老师及司机遗弃在封闭的校车上达 9 小时死亡。

2007 年 8 月 20 日，佛山市三水区白坭镇某幼儿园的校车上，一名年仅 1 岁零 8 个月的幼儿被接送老师遗忘在车上，被困接近 6 个小时死亡。

2010 年 5 月，广东潮安县某幼儿园，疏忽大意地将一名女童遗留在车内，结果导致该名 4 岁女童被困在密闭的车内长达 6 个小时死亡。

谨防校车闷死事故

2010 年 7 月 1 日，广东茂名某地一名 4 岁女童被幼儿园老师和校车司机遗忘在封闭的校车内，高温烘烤下被活活闷死。

2010 年 7 月 19 日，广东省江门市蓬江区某幼儿园一名 3 岁幼儿因园方过失而被困校巴近 8 小时，被放学的老师发现其已在校巴内窒息身亡。

2010 年 7 月 31 日，西安市一家幼儿园发生一起惨案，一名 2 岁大的小女孩被遗忘在幼儿园接送孩子的校车内不幸身亡。医院开出的死亡证明上注明死因是"窒息"，而事发当天西安的最高气温达到了 37.9℃，这辆面包车一直在太阳下炙烤，估计车内气温高达 65℃。

2011 年 8 月，安庆市宜秀区一所幼儿园校车在接学生到校后，将一名 3 岁女童遗忘在校车内约 8 个小时死亡。

2011 年 8 月 29 日，三亚市荔枝沟幼儿园面包车内发现一具 3 岁男孩尸体，原因为早上校车接幼儿入校之后，老师没有清点人数就关闭车门，一名 3 岁男童被遗留在车内，直至下午五点左右放学才被发现，死亡。

2011 年 9 月，荆州一幼儿园车接孩子入园后，司机及随车老师把两名 4 岁女童遗忘在车内长达 8 小时，致使两名孩子被闷死车内。

2013 年，河南一所留守儿童幼儿园在早上用校车接幼儿入园后，将一名 3 岁幼儿遗忘在校车内，下午送学生回家时，才发现该幼儿还在车内，已窒息，送往医院抢救无效死亡。

校车压死幼儿事故

2009 年 3 月，云南昆明市牛街庄某小学校车刚刚停下，两名 6 岁女生手拉手下了车，一人先跳下车，另一人还没站稳，校车突然启动，两个娃娃被撞倒在车轮下。赶来接孩子的家长看到有孩子被撞倒在地，连忙追着校车大喊："撞到人了！撞到人了！"校车开出五六米才停了下来，车轮已经从两个娃娃身上压了过去。先下车的女童左脚被车轮压伤，后下车的女童当场身亡。

2010 年 10 月，湖南宁乡县某幼儿园校车急于回校，司机在 3 岁幼童刚跳下车还没站稳时就关闭车门，随即发动车辆行驶，幼童因书包被卡在车门里而被卷入车轮下拖行了 12 米死亡。

2011 年 3 月，江苏常熟市莫城镇三塘村某幼儿园一辆金杯面包车在送孩子放学时，一名 3 岁男童被卷进校车车轮下，最终因抢救无效身亡。据报道，车上除了驾驶员，还有跟车老师和另一个小孩。当校车停下时，跟车老师并没有下车。而校车并未等到家长到来便让幼儿下车并匆忙发动，结果孩子的奶奶在远处亲眼目睹车子还在向前行驶，而孩子已被卷到车轮下死亡。

2011 年 11 月，广东清远市城区大观街，一名 13 岁的初中男生在准备上校车时，被校巴的后轮压倒。校巴司机浑然不知，车子还在继续往前移动，但校车又停了下来，突然往后倒了一下，车下的学生再次被压住了腹部，不堪痛苦发生了呕吐，鲜血从口中喷涌而出。后送院救治无效死亡。

2012 年 3 月，贵州安顺某幼儿园学校巴士如常送幼儿回家。在西秀区 3 个孩子下车后，司机启动车辆，但是悲剧突然发生，学校巴士从一个刚下车的孩子的头部胸部压过。

2012 年 3 月，福建莆田平海七彩幼儿园分两批送孩子回家，第二批乘车的有 10 多个孩子、一名女工作人员。行至平海镇北峤村江时，司机鸣笛后，不等家长出来接孩子，便催促一名幼童自行下车。孩子的奶奶听到车辆的喇叭声，就跑出去接孩子。没想到意外发生了，小孩还没有完全下车，车辆就开动了，该车司机竟全然不知，还继续开车，致使孩子头着地拖行 10 米左右，当场死亡。

2012 年 5 月，重庆南坪某幼儿园校车司机于早上驾车来到某小区接上学儿童。接到幼儿的校车到达幼儿园大门外，小朋友在老师的带领下依次排队下车。

校车事故后，因悲伤而久久不能离去的人们

校车事故分析：儿童常于校车启动时被卷入车轮下

黄某以为小朋友都安全下了车，开始起步，哪知校车的左前侧剐倒了排在最后的一名 4 岁女童，继而将其卷进校车的车轮，女童因重型颅脑损伤当场死亡。

校车司机驾驶资格

　　以上种种事故，说明了有了校车，只是具备了硬件，要达到安全驾驶，还必须在软件上下功夫，这个软件的第一要素就是对校车司机的管理。根据我国《校车安全管理条例》和新交规，司机取得校车驾驶资格应当符合下列条件：

　　（一）取得相应准驾车型驾驶证并具有三年以上驾驶经历，年龄在 25 周岁以上、不超过 60 周岁；

　　（二）最近连续三个记分周期内没有被记满 12 分记录；

　　（三）无致人死亡或者重伤的交通事故责任记录；

　　（四）无酒后驾驶或者醉酒驾驶机动车记录，最近一年内无驾驶客运车辆超员、超速等严重交通违法行为记录；

　　（五）无犯罪记录；

　　（六）身心健康，无传染性疾病，无癫痫病、精神病等可能危及行车安全的疾病病史，无酗酒、吸毒行为记录。

校车安全标志

　　校车驾驶证和普通驾驶证的区别在于驾驶证副证上有准驾校车的签注，看到证件后很容易识别出驾驶人的校车驾驶资格。未办理校车驾驶资格等手续，按照规定不允许驾驶校车上路。

校车司机资格的取消

校车驾驶人具有下列情形之一的，公安机关交通管理部门应当注销其校车驾驶资格，通知机动车驾驶人换领机动车驾驶证，并通报教育行政部门和学校：

（一）提出注销申请的；

（二）年龄超过 60 周岁的；

（三）在致人死亡或者重伤的交通事故负有责任的；

（四）有酒后驾驶或者醉酒驾驶机动车，以及驾驶客运车辆超员、超速等严重交通违法行为的；

（五）有记满 12 分或者犯罪记录的；

（六）有传染性疾病，癫痫病、精神病等可能危及行车安全的疾病，有酗酒、吸毒行为记录的。

未收回签注校车驾驶许可的机动车驾驶证的，应当公告其校车驾驶资格作废。

根据以上规定，中小学生乘坐校车时，完全可以据此监督司机的行为，幼儿

安全人员检查校车

园的小朋友年幼，家长们也应当对校车司机的行文进行监督，并向有关部门进行举报，以对其行为进行处罚。监督内容及扣分整理如下：

青少年应当注意的校车司机违法行为	校车司机违法行为扣分数值
使用伪造和变造校车标牌的	12
校车超员 20% 以上的	12
校车超速 20% 以上的	12
未取得校车驾驶资格驾驶校车的	12
在高速上不按规定行驶的	3

校车安全行驶详解

学校购买或者租用校车时，应当按照规定，给校车配备具有行驶记录实时监控功能的卫星定位装置，配备专职人员负责监控校车行驶状态，在校车运行时间里应当实行司机值班制度，定期对校车进行安全检车。

校车驾驶人应当取得校车驾驶资格。校车驾驶资格应当取得相应准驾车型驾驶证并具有3年以上驾驶经历，年龄在25周岁以上、不超过60周岁；最近连续3个记分周期内没有被记满分记录；无致人死亡或者重伤的交通事故责任记录；无饮酒后驾驶或者醉酒驾驶机动车记录，最近1年内无驾驶客运车辆超员、超速等严重交通违法行为记录。校车驾驶人应当每年接受公安机关交通管理部门的审验。交通部门也应当在假期对校车司机进行安全培训，提高其职业素质和安全意识。

校车的速度宁可慢，不可快，尤其在高速公路上最高时速不得超过80公里，在其他道路上最高时速不得超过60公里。

校车在急弯、陡坡、窄路、窄桥以及冰雪、泥泞的道路上行驶，或者遇有雾、

行驶平稳的校车

雨、雪、沙尘、冰雹等低能见度气象条件时，最高时速不得超过 20 公里。尤其是在山区，多急弯陡坡，如果校车速度过快，极易发生事故。

校车驾驶人不得在载有学生时给车辆加油，不得在校车发动机引擎熄灭前离开驾驶座位，更不得在学生未完全上下车时就启动车辆，那样极易剐蹭学生，或者车辆夹住学生，极其危险。

校车发生交通事故，驾驶人、随车照管人员应当合理分工，必须一边立即报警，设置警示标识，一边立即将学生撤离到安全区域，然后及时与学校、校车服务提供者、学生的监护人联系处理后续事宜。

校车盲区

有资料显示，在美国，大约 2/3 在校车外遇难的学生不是被其他车辆击中，而是他们自己乘坐的校车击中。这是因为校车自身存在的驾驶盲区导致。而且校车比较大，它们通常是八个轮子的大车，所以盲区也大。

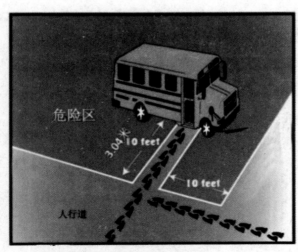

校车盲区示意图，重灰色区是盲区

这是一张来自全球儿童安全组织的校车盲区图。上图中标明"危险区"的区域都属于校车盲区。无论是家长、学生还是老师，无论是在等车、上车还是下车，都千万不要站立在校车司机的驾驶盲区区域。那里是最容易发生事故的区域。校车的上下门也是一个危

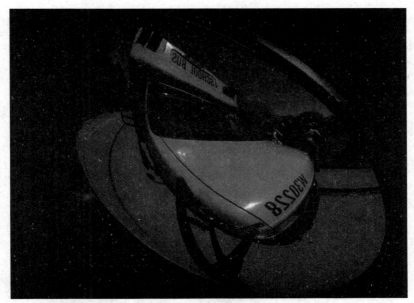
校车超大后视镜

险区域。当一个学生下车时，可能由于背后的书包或者是松开的衣服，也可能是围巾，一旦被门口的东西挂住，而如果校车司机没有发觉意识到，当校车启动行驶时学生就可能被挂在校车的外面拖行走，甚至卷入车轮下，前文我们已经列举了若干校车不幸压死学童的惨剧，有好几起都是源于司机急于开车回校，匆忙关门，车门夹住了儿童书包而致惨剧的。

为减少校车驾驶员的盲区，校车装配了更精确和全面广泛的镜像系统。比如对挡风玻璃面积已经大大扩大，以消除司机的视线的更多的障碍。后视镜也扩大了，使司机能更广、更清晰地查看侧后方。

在美国，为了防止行人步行时由于比较靠近前面的引擎盖，而引擎盖偏偏遮挡住校车司机的视线，从而造成校车事故发生，因此美国的北卡罗来纳等几个州都要求校车必须配备位于前保险杠向前扩展的人行道阻拦臂，当校车停下来让学生上下车时，就可以用来阻拦行人从校车前面通过。这样就会迫

设置完备的校车

使行人或校车的乘客在校车前面距离校车多几英尺，穿过校车前面时司机能够观察到。现在大部分校车都配有"stop"牌子，其功效既有提示停车的意思，也有停车后打开，迫使行人与过往车辆与校车保持距离的作用。

青少年乘坐校车安全注意事项

（1）最好不坐在校车司机旁边的副驾驶座位上，其实这个位置是最危险的地方，一旦发生意外很容易受到伤害。乘车时不要将身体的任何部位伸出车外，因为这样容易被过往的车辆碰到。

（2）乘坐校车时不要离开自己的座位，否则遇到急刹车时有可能会摔倒甚至被甩出去。校车行驶过程中严禁打闹，校车在拐弯、刹车的情况下，惯性的作用非常大，要注意发生意外伤害。

（3）切记要系好安全带。刹车的时候，由于惯性的作用人更容易向前倾倒碰撞。因此，乘车时一定要系好安全带。

校车座椅及安全带

舒适安全的座椅

（4）不要在校车行驶过程中吃东西或喝饮料。避免行车中的颠簸和急刹车造成食物或饮料误入呼吸道，小朋友可能因为气管异物造成窒息甚至是死亡。

（5）在乘车时千万不要随意按动车上的任何按钮或者打开车窗。

（6）上下车一定要等司机把车停放在安全的地方，然后有序地上下车，不要拥堵。

幼儿乘坐校车注意事项

近年来，校车事故时有发生，前文也已经列举了一些惨痛的案例。由于幼儿极其缺乏自我保护能力，因此家长们必须要了解校车的部分情况，同时要教会孩子乘坐校车的注意事项。

家长注意事项：

（1）监督幼儿园是否提供了手续齐全，车况较好的车辆；监督校车是否超员。

（2）校车是否都安装了座椅安全带，是否配备了逃生锤、干粉灭火器、急救箱等安全设备。一般来说，安全设备应当放置在便于取用的位置，家长们还可以试试这些安全设备是否处于有效期，能否迅速使用。

（3）查看校车和司机的各种证件，以此判断校车运营是否安全可靠。

（4）观察校车司机是否符合法规要求，年龄合适，外貌健康，驾驶是否平稳，是否不急不躁，静待学生上下车。以此判断其技术水准和心理素质。

家长应当教导幼儿乘车注意：

（1）不要坐在司机旁边。司机旁边的副驾驶座位其实是最危险的地方，一

学生上下车时，校车上的停车信号臂会自动闪烁

旦发生意外很容易受到伤害，因此小朋友不要坐在司机旁边。

（2）乘坐校车时不要离开自己的座位。在乘坐校车时，要坐在自己的位子上，不要乱跑。否则，遇到急刹车时有可能会摔倒甚至被甩出去。

（3）别把身体任何部位伸出车外。乘车时不要将身体的任何部位伸出车外，因为这样容易被过往的车辆碰到。

（4）小朋友要系好安全带。刹车的时候，由于惯性的作用人更容易向前倾倒。因此，乘车时小朋友一定要记得系好安全带。

（5）不要在校车行驶过程中吃东西或喝饮料。避免行车中的颠簸和急刹车造成食物或饮料误入呼吸道，小朋友可能因为气管异物造成窒息甚至是死亡。

（6）校车行驶过程中严禁打闹。校车在拐弯、刹车的情况下，惯性的作用非常大，以免发生意外伤害。

（7）尽量不要在校车上睡觉。一方面，万一发生意外情况，小朋友不能在第一时间做出反应保护自己；另一方面，避免发生被老师遗漏的情况。

（8）小朋友在乘车时千万不要随意按动车上的任何按钮或者打开车窗。小朋友缺乏辨别的能力，随意按动按钮或打开车窗容易发生意外事故。

（9）上下车尤其是下车时一定要紧跟着老师，避免被老师疏忽大意遗忘在校车中。千万不要故意躲藏老师的目光，更不可躲到椅凳下面去。

（10）一定要等司机把车停放在安全的地方，老师安排下车时才可下车。下车排队的时候，要离校车一段距离，避免被启动的校车剐倒。

中小学生乘坐校车注意事项

中小学生心智比较成熟，也具有了一定的独立行动能力，但乘坐校车，仍须注意，不可稍有懈怠。近年，也有中学生因抢先上校车而发生事故的。

（1）准时到学校指定的地点候车，听从老师和司机的安排。

排队上校车

（2）依次上车，按位就座，不要拥挤争抢，那样容易发生踩踏事故。

（3）乘车时不要大声喧哗、走动、把手和头探出窗外，以免干扰司机驾驶校车，也可避免发生意外。

（4）校车未停稳，学生不能随便上下车。要等跟车老师下车，进行引导，才能依次上下校车。

（5）严禁在校车上喝饮料、吃零食、乱吐痰或乱扔垃圾，这不仅关乎清洁卫生，也防止在急刹车的时候，发生呛噎事故。

（6）下车后要及时回家，不在路途中逗留，更不要在校车周围打闹停留，那样极易出事。

校车跟车老师注意事项

跟车老师就是指配备校车的学校、校车服务提供者指派专门的照管人员随校车全程照管乘车学生。这种跟车老师，有的地方又叫作校车保姆。由校车服务提供者为学校提供校车服务的，双方也可以约定由学校指派随车照管人员。

跟车老师责任重大，简单说有以下职责：

（1）学生上下车时，在车下引导、指挥，维护上下车秩序。

（2）发现驾驶人无校车驾驶资格，饮酒、醉酒后驾驶，或者身体严重不适以及校车超员等明显妨碍行车安全情形的，制止校车开行。

（3）清点乘车学生人数，帮助、指导学生安全落座、系好安全带，确认车门关闭后示意驾驶人启动校车。

（4）制止学生在校车行驶过程中离开座位等危险行为。

（5）核实学生下车人数，确认乘车学生已经全部离车后本人方可离车。

尤其是第五点，由于在阳光直射下，密闭车厢内的温度可在一小时内上升约20℃，因此即便车内最初温度是26℃，一小时后也会超过40℃。在这样的高温下，孩子极有可能发生 "热射病"而死亡。对于幼儿园校车或小学校接送低年级学生校车的跟车老师说来说，一定要清点人数确切无误，才能关闭车门离开。在带领小朋友们在车下集合时，还必须注意与车辆保持一定距离，防止汽车启动时撞到小朋友。

安全排队下校车

排队按秩序上校车

三种乘车位置深藏安全隐患

学生不能坐副驾驶位置

在校车上，副驾驶位置绝对不能坐学生。因为当急刹车或者发生碰撞时，副驾驶座上的小孩就会前冲，撞向中控台或前风挡玻璃。即使小孩子系上安全带，也会因儿童的颈椎等身体器官比较脆弱，其保护作用也非常有限，反而容易导致颈椎受伤。即使气囊及时弹出，绷开的位置也往往是在孩子的头顶，不但不能起到保护作用，而且往往会造成更加严重的伤害。

老师也不能抱着孩子坐副驾驶位置

校车必须严守一人一座的铁律，绝对不能超载一人，更不能让老师抱着学生坐在副驾驶位置。因为校车正常行驶时速一般在 40 公里，但突然紧急刹车时，在惯性的作用下，即使一个普通体重的婴儿也能产生过百公斤的前冲力，成人根本无力抱住怀中的孩子。而且由于幼儿或者青少年坐得比较低，头部刚好在家长的胸部，一旦发生猛烈碰撞，成人的胸部会猛烈压向孩子的头颈，可能造成非常严重的伤害。

不规范的校车座椅，在发生急刹车时易造成儿童伤害

规范的校车带有儿童专用的安全的固定儿童座椅

校车不能使用成人安全带

校车必须配备专用幼儿安全带。因为孩子身材矮小，身体尚未发育完全，如果只是扎在腰部的那段安全带起作用，一旦发生交通意外就会造成孩子的腰部挤伤或脖子脸颊压伤。如果系得太松，又不会起到任何保护作用，撞击后可能导致儿童直接飞出去。

校车着火了怎么办

2012 年 6 月 11 日，濮阳市开发区开州路办事处张仪村村内街道上，一辆超载幼儿园校车发生燃烧事件，事发时车内共有 13 名幼儿园学生和 1 名司机。燃烧共造成 4 名幼儿死亡，1 名幼儿和司机重伤，2 名幼儿轻伤，另有 1 名现场救援的群众轻伤。

在各种校车事故中，校车起火燃烧也是一种。那么，校车着火了该怎么办呢？假设，车辆行驶中突然有一名学生发现校车的底部开始冒烟，那么要立即报告老师或者司机："汽车着火啦！"司机听到报告要马上停车，必须熄火，立即打开车门。跟车老师大声通知学生："大家镇定！听指挥下车！"跟车老师必须站在车门口，协助学生迅速下车。而学生则按由前到后的顺序依次下车，不要恐慌拥挤，以免发生踩踏事故。

同时，司机拿出灭火器灭火。跟车老师提醒下车学生用衣袖、手帕等捂住口鼻，迅速撤离到离车辆 50 米外的安全区域集队，预防汽车油箱发生爆炸。跟车老师必须等所有学生都下车来，才能下车集合学生，开始点名。

校车起火非常危险

　　如果火势较大，灭火器不起作用，司机必须拨打 119 报警，报警内容大致如下：我是某学校接送学生的司机，现校车在某处发生燃烧。请立即救援！值日教师同时拨打 120 报告：我是某学校接送学生车辆的跟车老师，校车某处发生燃烧，请立即救援！这两个电话打完，跟车老师就要向校长报告：我是学校接送学生车辆的值日教师某某，校车在某处发生自燃，学生已安全疏散，请立即派人到现场协助救援。

校车起火案例分析

据报道，某小学的一辆校车，在接学生的途中突现惊险一幕。

当时，校车到达后，孩子们上了校车。然而，校车随后却无法启动。司机尝试几次均失败。随后，司机下车查看，不料校车左侧突然冒烟，还燃起明火。司机立即上车，拿出一瓶水灭火，但火势凶猛，根本不管用。就在这名司机不知所措时的危急关头，另外一所民办学校的一台校车也来到这里接学生。

一辆校车在接送点突因发电机线路故障起火

司机未让学生下车，自己用水瓶扑救，未能灭火

危急时，另一学校校车司机恰好赶到，用灭火器将火扑灭

火灭后，校车重新发动，拉着学生继续赶往学校

那名司机见状，拿起灭火器就冲了过去。大量干粉喷射而出将明火覆盖，火势得到控制并被迅速扑灭。

"校车起火了，小学的司机，当时竟不知道用灭火器，让人忧心。"一名家长说，事发时车上有近 40 个孩子。要不是另一所学校的司机及时援手，火势失控，后果不堪设想。事后经核查，发现起火原因，系校车发电机线路故障所致。

老司机分析说，旧车必须常检查线路，备存两三个灭火器。资深司机分析，防止油路引起的自燃，需要驾车时高度注意，不能让底盘刮碰到异物，还要经常检查车辆的底盘是否有漏油现象。经常清洁发动机引擎室，可以很容易发现油路滴漏现象。要防止电路引起的自燃，则要求不要私自连接额外的电器，以免造成电路负荷过大而短路。在夏天尤其要严防车辆起火，对于使用年限过长的车辆，可以请电路工程师提前检查，是否有线路老化现象，防患于未然。此外，车上要存放两到三个干粉灭火器。

校车车祸应对技巧

　　发生车祸，只是一瞬间的事情，但青少年学习一些简单的应对技巧，会大大提升自我保护度。最简单的就是，一旦感觉要出事情了，就赶紧双手紧紧握住前排座位或扶杆、把守，低下头，利用前排座椅靠背和双手臂保护头面部，同时咬紧牙关，防止在车失控时，咬伤舌头。若事故车辆尚在行驶中，青少年千万不要盲目跳车，跟车老师也应保持镇静，应待车辆停下后再组织学生撤离。

　　一旦发生交通事故，学生们应该发扬人道主义精神，迅速进行自救或互救。现场抢救应遵循的基本原则：先人后物，先抢救人员，后抢救财物；先重后轻，先抢救重伤人员，后抢救轻伤人员；先人后己，尤其是司机和跟车老师等要积极组织抢救学生，不能先顾自己。可以利用附近的电话向公安、交通、医疗救护部门呼救，或就近向企业、部队机关等单位紧急求救，也可拦截过往车辆求救。

　　车祸中，如果有创伤出血，就用干净的手绢或布条压住伤口包扎止血，如果发生了骨折，就不要盲目搬动身体。如果是自己受伤了，要尽量告诉医务人员自己觉得疼痛的部分，免得在搬运过程中受到二次伤害。

　　特别要提醒的是，虽然勇敢是一种美德，但是车祸受伤后没有必要为了表现得勇敢而忍痛不说。无论自我感觉怎么良好，都要及时告诉医生。有一些损伤，比如脑血肿，一开始就是一个小包，反应也不厉害，但是随着时间推移，症状会逐渐严重，甚至导致死亡。因此，如果发生车祸事故，一定要及时医治，以免耽误最佳的治疗时机。

校车上的消防安全锤

　　救生锤也名安全锤，是一种安装在封闭舱室里的辅助逃生工具。它一般安装于汽车等封闭舱室内容易取到的地方。当汽车等封闭舱室出现火灾或落入水中等紧急情况下，可以方便取出并砸碎玻璃窗门以顺利逃生。

　　安全锤主要是利用救生锤圆锥形的尖端，由于尖头的接触面积很小，因此当用锤砸玻璃时，该接点对玻璃的压强相当大（这与图钉的原理有点相似），而且使车玻璃在该点受到很大的外作用力而产生轻微开裂。而对于钢化玻璃而言，一点点的开裂就意味着整块玻璃内部的应力分布受到了破坏，从而在瞬间产生无数蜘蛛网状裂纹，此时只

车上的安全锤及操作示意图

要轻轻地用锤子再砸几下就能将玻璃碎片清除掉。

（1）钢化玻璃的中间部分最牢固，四角和边缘最薄弱。所以，出现危险时，最好的办法是用安全锤敲打玻璃的边缘和四角，尤其是玻璃上方边缘最中间的地方，一旦玻璃有了裂痕，你再多敲几下就可以了。据说大约有 2 公斤的压力就能把钢化玻璃的边角砸烂。

（2）当你坐长途车时，最好选择离安全锤、安全门或是车顶安全出口比较近的地方落座。如果你愿意的话，你可以仔细看看打开安全门的说明，因为一旦发生事故，你是不可能静气凝神地看使用说明。

（3）小轿车配备安全锤还是能够发挥作用的，私家车如配备安全锤，须将其放于随手可取的位置。

（4）在遇到突发事件时，司机应对准从下往上三分之二处的左右侧中心位置落锤，以保证迅速脱身。用安全锤击打玻璃的力度将明显强于鹅卵石等钝器，一般的钢化玻璃都可被击碎。

消防安全锤操作示意图

校车安全椅

　　2010 年，辽宁省凤城市宝山镇一辆校车，因道路湿滑发生侧翻，造成 35 名孩子受伤。这就提出了一个很实际的问题，就是儿童安全座椅。校车要达到可靠的安全性能，必须配备专门的儿童安全座椅。据调查，使用儿童安全座椅可减少 71% 的婴儿交通死亡和 54% 的幼儿死亡，而这一有效保护儿童乘车安全的座椅在我国的使用率只有 0.1%。

　　目前的校车座椅普遍为适合成人的尺寸，且大多没有安全带，孩子坐很不

校车上的安全座椅

合适。新标准详细规定：小学生专用校车中儿童座椅深应为 350 毫米至 400 毫米，高应为 280 毫米至 380 毫米，靠背高度应不小于 710 毫米。

此外，虽然有些校车把座位尺寸改小，但孩子的自我保护和反应能力无法与成人相比。因此，新标准规定，每个儿童座椅必须安装安全带，同时安装司机或监护人能集中打开的控制装置。这是为了防止紧急事故时，孩子因为紧张自己打不开安全带。标准规定，校车应至少安装一个监护人的座位。

深港校车比较

　　在深圳，有很多深港结合的家庭或者港人来深圳安家生活。他们的孩子出生在香港，到了适学年龄后便会到香港上学，但依然住在深圳，这就是所谓"走读郎"。这些孩子每天十分辛苦，天不亮就要起床上学，最令家长担心的莫过于交通及人身安全。据调查，孩子们每天花在路上的时间从 1—5 小时不等；甚

深圳校车

香港保姆车

至出现了部分学童因坐车时间过长而忍便失禁而被小朋友取笑及被校车拒载的情况。

深圳校车的具体问题主要有两个，一个是走读儿童接送路径设计不科学，因此孩子们在到达校车的路上存在各种安全隐患。比如，关口人多混乱，校车多次出现走读儿童被保姆车遗漏接送的情况。另外，保姆车停车的地方和口岸大楼之间有露天路程，如遇天气突变，学童常需冒雨上学。孩子们在罗湖过关后到上车走的这一段路，人多车多，还有好几个停车场入口，有些调皮的小朋友私自走在前面，如果遇到下雨天光线比较暗，或者有车出库的话很难发现前面的孩子而容易出事故。而在保姆这方面，由于这些保姆是由保姆公司派出的，而并非正规校车那样是有资质的老师跟车，因此一来保姆缺乏专门的素质，二来保姆流动性较大，人手常常不足。近年来，走读儿童数量增加幅度大，学童保姆与学童是 1:10 的比例，保姆常常难照顾周全。

香港保姆车虽然一般由教育部门管理，比较正规严谨，安全性较高，但想进入深圳经营却不被获准。因为有香港保姆车公司负责人曾尝试向深圳有关职能部门申请办理校车上路许可证。但咨询发现这样的公司目前性质还不明确，属于监管空白地带，没有一个相关部门能够明确地表示可以为其办证。最后，深圳教育部门表示：办校车许可证只能接送本校学生。该公司既不是学校，也不是专门接送深圳某个学校的学生。

因此，香港保姆车未能进入深圳，而深圳本地的保姆车除了上述安全因素外，令家长大为不满的还有保姆训斥甚至打骂小孩的现象，与香港的校车相比反差太大。有家长反映，这些车辆没有营运资质，在口岸也没有专门的停车位，每次上下车急急忙忙，很容易发生意外，而且保姆车监管太松，家长去接小孩不用签名也不看相片，只要用手一拉，就可以把小朋友接走。他试过叫家人去接过几次，保姆车上的工作人员问都没问，轻松就把孩子接回来。还有家长反映，保姆在过关时经常把小孩子弄丢，还打骂孩子，扯着小孩子的衣服把孩子拖走。孩子跨境上学原本就比较辛苦，一大早就遭遇训斥，对孩子的心理压力极大，也让家长们经常为孩子的安全担忧。

虽然仅隔了一个口岸，但是香港对校车的管理很严格很规范，校车公司属于教育部门管理，而香港运输署对校车及跟车保姆亦有严格、详细且执行力度很强的规定。有位居住在深圳的家长有一次亲自送孩子去上学时，目睹香港那边的校车正好坐满位置。虽然只多出他女儿一个人，但工作人员没有让小孩上车站着去学校，而是迅速和幼稚园沟通，幼稚园再单独派一辆车来将孩子接走。这就是因为香港校车严格执行一人一座，如果被检控超载，将处罚款 5000 港币和监禁 3 个月，如果第二次被检控，将被加重罚款和监禁时间。

"龟速"校车

张家界一家幼儿园的校车司机罗师傅已有 10 年驾龄，以前是开货车的，2012 年是他开校车的第 5 年。罗师傅每天都要检查刹车、轮胎的安全性，座椅的舒适度，每天接送孩子之前必须仔细检查一遍。罗师傅说，接送孩子们上课放学是个累活，孩子基本上都住在市郊，每天必须 6 时起床，首先是清洗车子和安全检查，然后是 7 时准时出车，没时间吃早饭是常有的事。罗师傅感叹地说："以前开货车，根本不会这么认真仔细，现在开校车不一样，责任真的很大！"

下午 16 时始，按照路线，罗师傅又开始每天送孩子回家，直至把最后一个孩子安全送回家，要两个多小时。他说，为了孩子的安全，身上的弦都绷得紧紧的，5 年开校车的生活，虽然有压力，但是很有意义和成就感。

罗师傅开的校车是经过了教育局注册登记，年检保险年年到位。为了安全驾车，他从不喝酒，也从不在车上抽烟，通常都会把车速控制在 40 迈以内，车友都笑他开的是"龟速校车"，可他毫不在意地说："安稳最重要，这是对孩子和家长的一种负责。"

　　如今校车管理日趋规范，但罗师傅还是有担忧，因为有些出租车、公交车在街上随意抢道拉客，防不胜防，事故发生就在一瞬间。罗师傅希望全社会要共同维护交通秩序，孩子是花朵，特别是校车，更要关心呵护！

美观大方的新校车

中国校车行动——德清特权校车

2005 年，我国德清县由于实施城乡一体化，许多乡村小学被撤并，农村的孩子们不得不到镇上上学，于是县里教育部门拨出资金，委托公交公司专车接送孩子们上下学。教育系统一共花了 2000 万元购买了近 80 辆校车专门接送小学生，并成立公司专门管理，招聘专职的校车司机。

在这批校车中，最安全、最可爱的要数 14 辆"长鼻子"美式校车。该款校车车头向前凸出，发动机设置与普通车不一样，是设置在车头前方的。所以，万一发动机着火也不会伤及车身，当然就大大降低了对孩子们的伤害。更妙的是，一旦校车碰上了交通事故时，可爱的"长鼻子"还可以起到一定的缓冲保护作用。

校车配有 50 个座位，包括 47 个学生座椅，1 个司机座椅和 2 个监护人老师的座椅，以及安全摄像头。每个座位都严格按照安全规定，配有安全带。车窗下部是封闭的，上部窗户可以推拉，这样就防止了调皮的孩子在行车途中随意打开车窗造成危险。

德清小学乘坐的"长鼻子"美式校车

校车配备的安全摄像头

校车除了专门涂了醒目的黄漆和反光板外，外部车身上还装了两个醒目的红色停车信号臂，当学生们上下车的时候，停车信号臂就会自动闪烁。当校车要减速停车的时候，它也会像交通路灯一样闪，提醒过往车辆小心注意。

当然，这样专门设计的校车价格也不便宜，一辆普通平头车 28 万元，这种型号特制的"长鼻子"车要 39 万元。德清校车因为车身大、排量大，日常运行费用也高得吓人，100 公里油耗达到 20 多升。教育部门认为油耗不是问题，安全性才是最重要的。现在，德清县近 6000 名小学生每天乘坐校车上学和放学，小朋友们每天早上高高兴兴上学来，下午平平安安回家去，校车带给孩子的是愉快安全的上学路程。

上海校车安全"先行一步"

上海近年已多次发布校车安全相关规定，对校车车况、驾驶人等均有严格要求，车身和前挡风玻璃处都有明显的校车标志。上海开始实施的国内首部关

上海校车

上海校车的标识

于中小学、幼儿园安全管理的强制性地方标准规定，校车要全部刷上柠檬黄油漆，学校自有的校车要在车身、车门两侧和后部加贴紫色或红色的贴纸，上面写有"上海中小学生校车"等字样。对于使用校车的学校，规定明确应要求需乘坐校车的学生监护人提出书面申请，并与学生监护人根据本标准的规定签订安全协议。校车载人不应超过核定的载客人数；校车驾驶座同排座位不应乘坐学生；学校应在每辆校车上至少安排一名随车管理人员，维护车内秩序和学生上下车时的安全。校车运载学生时，应按规定路线行驶。可在公交专用车道行驶，并可在确定的停靠点接送学生。当孩子们进入黄色校车后，车内每个座位都有安全带。当随车护送的老师上车之后，首先要求小朋友系好安全带，并逐个检查无误，车辆才缓慢启程。

上海的学校往往会比上述规定更加严格地对待安全问题。例如国家条例要求校车驾驶人驾龄不低于 3 年，但实际上上海不少幼儿园、学校都希望聘请驾龄 10 年以上、年纪 40 岁左右的驾驶员。这样的驾驶员不仅经验丰富，而且性格稳重。此外，条例要求校车到公交站点安全停放，但不少校车会直接开到小区门口，才会停车将孩子直接交给父母。

上海对校车安全要求一直非常严格，每学期开学前，各区县交警和消防部门都会对辖区幼儿园、学校的校车进行一次完整的安全检查，包括校车车况、车载救生设备、驾驶员资格、行驶路线等。

许多市民也表示，今后路上看到校车会主动避让的。有市民说真的希望校车可以开得更稳一些。上海市交管部门也公布，校车在交通高峰时段享有部分优先权。但如果校车驾驶违规，也将面临更严格的处罚。特别是超载等违法行为，都明确规定从重处罚。

雪域高原的校车

2011 年，拉萨市政府全资投入 1372.7 万元购买了宇通专用校车。53 辆长鼻子校车驶上了雪域高原抵达西藏拉萨，用于接送所属七县一区所有农牧区

行驶在拉萨的校车

中小学生上下学，为青藏高原学童的平安出行保驾护航。

众所周知，青藏高原是闻名世界的高海拔地区，不仅道路状况更加复杂，且气压低，空气稀薄。在这种情况下，普通车辆行驶时经常会因为汽油不能完全燃烧，导致在山区变幻莫测的道路上出现熄火的情况。因此，拉萨市教育局在招标时特别注重解决这一难题，对车辆的性能要求格外严苛。因此，宇通在设计之初便针对青藏高原的特殊环境进行了专门技术攻关，使得发动机在高寒低压的情况下照样能够正常工作，保证了宇通校车在雪域高原的运营自如。

大山里的电力校车

据新闻报道，在罗浮山的深处，有一个叫作湘洲的偏远山村，全村不过几十户人家。村庄唯一与外界相通的是一条小山路，但这条山路却支撑着孩子们的求学梦想。

村里有所异常简陋的小学，只有一名老师。孩子们读完三年级后为了完成自己的梦想，不得不去罗浮小学继续接受教育。由于离罗浮较远，孩子们每次上学只能靠弱小的双腿在蜿蜒的山路里穿行，除了要背沉重的书包外，还要备齐一个星期的口粮，每次上学都要在这样坑坑洼洼的山路上走上四五个小时。

这个问题被井冈山的电力工人知道了，他们每逢去湘洲巡线或有工作任务的时候，会故意挑准时间，以便接送孩子们上下学。孩子们上学时间很早，电工叔叔们起得更早，到得更早。他们会暖好车等孩子们一个个跳上来，坐到自己的位置一起喊出发。他们会在孩子们每周下课放学后等在门口，耐心地等着每一个孩子放学。这辆并不奢华的"电力校车"，或许并不威风，也并不舒适，

电力工人为上学的孩子提供了"电力校车"

但却支撑着孩子们的求学梦想。

　　电力工人送去的电照亮了整个小乡村,而那辆电力工程车就是一双梦的翅膀。电力工人曾这样说过:"我就是井冈山供电公司的一名普通员工,我就只是在自己平平淡淡的工作之余,跟孩子们乐一乐,让他们开心,我没什么丰功伟绩,在这个社会上有很多平凡的人做着不平凡的事,我们要向他们学习,让自己在社会上发光发热。"

最环保的青岛校车

2012 年 9 月下旬，宇通公司向青岛交运交付了第一批 LNG 校车。所谓 LNG 环保校车，指的是这批校车是以液化天然气为燃料的。LNG 环保校车是

青岛使用的环保校车

LNG环保校车

宇通率先研发并推出的。

在 2012 年 2 月 29 日新修订的《环境空气质量标准》中，PM2.5 已纳入各省市强制监测范畴。调查数据表明，汽车尾气富含碳氢化合物及氮氧化物、苯、铅、粉尘等，是 PM2.5 升高的重要原因。而作为一种清洁、高效的能源，LNG动力车与柴油车相比，具有环保特性，其 PM2.5 排放几乎为 0。LNG 校车在青岛的投入运营，不但可以有效降低尾气中有害气体的排放，更能让孩子们在日常生活中学习环保的理念。

也正是因为此，兼具安全性、环保性与经济性与一身的宇通 LNG 校车成了各界眼中当之无愧的明星环保校车。

宇通校车

宇通是中国客车行业第一品牌，连续九年产销量位居行业首位，拥有世界最大的客车生产基地，是中国最大的企业集团 500 强之一。雄厚的企业实力是宇通专用校车研发、生产、销售、服务的可靠保障。宇通拥有国内行业首家博士后科研工作站、国家级技术中心、首家院士工作站、首家国家级试验中心，并拥有规模最大的整车电泳生产线、CATIA 软件设计、CAE 骨架应力分析、底盘装配线、整车道路模拟试验台等先进技术与国际领先的生产、试验检测设备。2005 年，宇通开始致力于校车产品的研发以及学生交通安全解决方案的研究。2007 年，国内第一款概念校车"阳光巴士"在上海客车展上首次亮相。2008 年，宇通在业内率先推出"大鼻子"前置校车。2010 年，宇通专用校车 ZK6662DXA9 获得"BAAV(世界客车联盟)2010 年度最佳客车安全装备奖"。2011 年，郑州宇通集团有限公司董事长汤玉祥及其他十多位全国人大代表在全国两会上共同提出《关于大力推广使用专用校车的建议》。

2 月 15 日，主题为"关注校车安全，关爱孩子成长"的 2012 首届中国校

宇通校车

车发展研讨会暨国际校车展览会在北京国家会议中心盛大举行。宇通携三款专用校车产品亮相展会，并推出了 360° 校车系统安全解决方案，受到各方关注，被授予"爱心企业"荣誉称号。宇通携三款专用校车产品亮相，并在现场发布了能有效加强日常运营监测管理的安芯校车智能管理系统。公司还在此次展会上率先推出了集安全产品、安全管理、无忧服务及安全教育四位一体的 360°校车系统安全解决方案，这也是我国校车生产企业第一次推出系统的校车问题解决方案。通过现场展示，配以工程师讲解，使得嘉宾对长头造型、"金刚封闭环"车身结构、专用停车信号臂、安全报警器、专业学童座椅等一系列设计有了更加深入的了解。

宇通专用校车是符合标准的专用校车。校车运营，首先要有符合安全标准的专用校车。对于专用校车的要求，在《专用小学生校车安全技术条件》及最新发布的《校车安全条例（草案征求意见稿）》已有明确规定。但在校车的实际选购中，仅仅考虑校车的技术条件是不够的，品牌、技术、规格、服务等亦需全面考虑。有效的校车管理工作，有效的校车管理工具，是校车安全运营的可靠助力。与公交、客运车辆一样，校车的管理也需要一套先进的管理工具，可从后台实时对车辆进行监管，从而及时发现安全隐患，实现安全运营。无忧的后续服务保障，无忧的后续服务是校车安全运营的保障。校车市场作为新兴市场，在产品之外，更需要服务的保障与支持，响应迅速、服务体系完善的校车供应商可以帮助运营单位排除安全隐患、实现车辆维保，更有效地保障校车运营。司乘人员的安全意识是校车安全的重要因素，在《校车安全条例（草案征求意见稿）》中对校车驾驶人规定了比一般车辆驾驶人更为严格的资格条件，只有符合规定条件，取得校车驾驶资格，方可驾驶校车。在校车运营中，选择拥有校车安全教育解决方案的合作厂商，将能有效地帮助司乘人员提升安全意识，让校车行驶更加安全可靠。

海格校车与顺达公交

2012 年 10 月，海格智慧校车顺利交付山西省怀仁县顺达公交。着力打造山西第一校车品牌，这已经是怀仁顺达在 2013 年 7 月提走 30 台校车后再次与海格联手。顺达公交总经理康军表示，大批量购进海格智慧安全校车是出于对海格品牌的信赖。顺达公交第一次与海格客车合作还要追溯到 2010 年，当时海格人贴心周到的售前、售中、售后服务，让他真正体会到了海格的企业精神"让我们的距离不再遥远"。因此，顺达公交在今年专门成立校车运营公司时，海格智慧安全校车成了他们的首选。

随着校车运营经验的摸索和成熟，海格将考虑根据不同班线上的学生数量来购买不同座位数的海格校车，在购买了 11 米的智慧校车同时，这次也选择了 20 辆 7.5 米的校车。为保证校车的上座率和运营的经济性，当地也已经协商同意各所学校"错时放学"。在谈到海格智慧安全校车的优势时，康军如数家珍。由于之前顺达公交使用的海格 13.7 米和 18 米 BRT 车型都装配有 G-BOS 智慧运营系统，顺达公交对于其强大和贴心的功能已经非常了解。此次批量采购

海格校车

海格智慧安全校车，主要也是看中了这一点。再加上海格智慧安全校车采用鸟笼式骨架、冲压件前后围，加上发动机前置的"大长头"设计，能很好地保护车内学生的安全。海格校车独具的后开式安全门和自动破玻装置能够在危急时刻让孩子们以最快的速度逃生。另外，这批海格校车的座椅全部采用软化扶手设计，防止学生在车内行走磕碰，内饰也都采用全新的面料和图案。而车身喷涂的"幸福怀仁 温馨校车"、"全民关爱孩子 幸福安全成长"字样，充分表达了顺达公交对当地中小学生安全的关注和重视。康军也介绍了顺达公交对于校车管理的具体实施办法，例如校车司机必须是具有 A1 驾照的有经验的司机；在这批车提回去后，校车公司将对他们进行充分的培训，包括车辆性能、线路演练等，从而真正使他们能胜任校车驾驶员岗位。顺达公交将校车编号、驾驶员胸牌编号、手机尾号、G-BOS 编号"四合一"随时随地都可以掌控每一个驾驶员在开哪辆车、G-BOS 实时反馈过来的数据是否合理。如果出现驾驶员违规操作，第一时间可以通过 G-BOS 监控发现，用手机通知到违规驾驶员，从而引起注意，杜绝不良驾驶行为不仅是顺达公交负责的表现，也为其他校车运营公司提供了可学习和借鉴的地方。怀仁是山西省的教育大县，校车安全一直是政府和学生家长关注的头等大事。顺达公交以它强烈的社会责任感，联手海格智慧安全校车，让当地学生的上学路变得更安全、更舒适。

整齐的长安校车车队

长安校车

　　"少年智则国智，少年强则国强。"为了生产标准安全的校车，让中小学生平安地上下学，长安汽车在广泛调研的基础上，合理布局校车产品谱系，在确保安全性符合强制法规的基础上，狠抓成本控制，降低企业对校车产品预期利润，同时在节油、服务，协助用户选择产品、设计运营方案等方面发挥传统优势。作为在国内率先启动校车研发和推广的企业，长安汽车已经把校车普及作为己任，率先在行业树立了标杆，正在以实际行动做中国校车普及的强力推动者。长安汽车以"关注城乡儿童，造孩子们坐得起的校车"为主题，成功参加了"中国第一届国际校车展暨校车发展研讨会"，包括央视在内的几十家媒体现场采访并报道了长安校车的爱心理念和企业责任。后来，中央电视台财经频道推出了大型慈善公益晚会《春暖 2012》第二季——《满载梦想的校车》，长安客车向社会捐赠价值 500 万元的校车。长安客车专用校车研发和销售起步于 2005 年，是国内客车企业中最早研发和生产校车的企业，目前已拥有 5.5—9.5 米 4 种造型 8 个系列 30 多个品种的专业校车。 经过 7 年多的市场打拼，长安校车出口累计超过 2000 辆，国内销量累计超过 6000 辆，总的市场保有量在中国客车企业中遥遥领先。学童安全牵动千万家庭，更事关祖国未来。从外观标识、警示灯到安全门、安全窗、逃生通道、应急药箱、专人照管、全车安全带、安全座椅、阻燃内饰等，长安严格按照国家标准开发和制造校车，并不断推出有长安特色的安全防护措施。长安高度重视和强化对校车骨架的设计、制造和质量管控，精心优化整车的重心匹配，所有校车产品均通过了国家权威机构的侧翻、顶压和侧倾试验，侧翻后的长安校车车身骨架变形量最小只有 10 毫米，极大地减少了碰撞变形对内部成员造成的挤压伤害，保证了逃生、施救的有效空间；满载侧翻临界角度最大达到了 44 度，远高于国家 28 度的安全标准，极大地减少了校车在紧急情况下发生侧翻的可能性，提高了整车的主动安全性。

　　长安校车依托成熟的总成设计技术优势为小学生和幼儿园的孩子精心设计安全、可靠、舒适的校车产品。按照国家相关要求，长安校车均通过了要求苛刻的侧翻实验及座椅安全碰撞实验。从车身到底盘，从主动安全到被动安全，全力打造"360 度的安全之家"。① 整车采用凸头设计。根据国家最新校车标准要求，前纵置发动机第一缸和第二缸的中心线位于前风窗玻璃最前点以前，这

这款长安校车的外观设计很活泼

长安校车

种设计大大增加了车前部碰撞时的缓冲区和变形吸能区，安全系数更高。② 车身骨架特殊强化设计 。车身采用封闭环顶棚、侧围、地板骨架强化设计，车身周圈设置防侧翻钢梁，车身前、后保险杠采用双层结构，加厚钢板防护梁，有效降低意外撞击造成的伤害，最大限度地保证车身的刚度和强度，提高校车的安全性。③ 前后装有横向稳定杆以增加侧倾刚度，减小侧倾角，使车辆更加平稳、安全。④ 整车采用醒目的黄色面漆和粘贴反光板设计，在任何环境下保证校车处于醒目的重要地位。⑤ 驾驶员视野 360° 无盲区设计，无盲区后视镜总成＋倒车监视系统，保证司机在任何时候都能观察到车身周围及车内所有状况，避免因观察盲区导致安全事故发生。⑥ 车身侧面设有警示标志及自动停车臂，车顶四周设有安全警示灯，车尾安装倒车摄像头，车体全金属防护，全面保证学生乘坐的安全。⑦ 人性化设计。严格按照国家对校车座椅要求，根据人体学，制定适合幼儿园及小学生的标准校车座椅，并通过了极为苛刻的"座椅碰撞实验"，确保在车辆发生碰撞时学生的安全。车内护栏全部软化设计，每个座位上均装有安全带，根据校车座位数设置合适的监护人员座椅，保证所有孩子都能在老师的监护下安全乘坐。⑧ 校车安全配置齐全 ABS、盘式刹车有效控制制动距离；配置 GPS 行车记录仪，以及视频监控，可监控开门学生上下车、停车定位查询、超速违规行驶等；还配备了安全电子系统、结构安全系统、车门空气质量和长安 INCALL 智能校车管理系统。后围安全门，车内急救箱配置，出现危险，及时疏散学生，并提供必要的医护条件。发动机舱内设置自动灭火器，内饰均采用高阻燃材料；司机及照管人员附近分别安装手提式干粉灭火器；底盘线束采用耐 125℃高温。 为避免油箱受到撞击使燃油泄漏或起火，设计了强度很高的油箱防护总成。

东风校车

在 "2013 第十五届上海国际汽车工业展览会"上，东风商用车公司隆重推出东风 EQ6810S4D1 校车。这款全新打造的校车将展示东风商用车公司新的校车安全技术，将为行业树立新的校车安全标杆，值得社会各界期待。

这款校车是东风商用车公司 2013 年的首发专用校车车型，整体造型精雕细琢，稳重中透露几丝活泼，威武中点缀些许灵巧，实现了美学与工艺、结构与性能的完美结合，显示了东风商用车公司打造中国校车第一品牌，全新定义校车安全品质的实力和决心。该款校车秉承东风商用车公司"信赖、专业、科技"的品牌核心理念，借鉴国际校车理念、高于国家校车标准、树立安全技术标杆是该款校车的三大特点。安全是该款长头校车最大的特征，这款校车的研发历时 2 年，申报 50 多项国家专利，掌控 5 项独有的核心安全技术——东风核心动力总成的专用校车底盘、吸能式车头结构与独有的"整段式∩形封闭环＋贯通式侧防撞钢梁"车体结构、全方位燃油系统防护、全方位应急出口布置、东风特有 G-Link 智能交通系统，为客户和学童提供看得见的安全，能感觉到的放心。

　　该车不仅全面遵照最新校车法规，而且车身结构安全性能还高于法规规定的标准。吸能式车头结构具有良好的性能，独有的整段式∩形封闭环与贯通式侧防撞钢梁纵横交织形成高强度车体结构，具有极强的抗剪切、抗翻滚、抗碰撞性能，在各种事故形态中都能最大程度地保障乘员生存空间。同时，率先在国内客车开发中对这款校车设计进行了包括正面碰撞、侧面碰撞、后部碰撞、顶部静压、左右侧翻、乘员约束等7种工况的CAE仿真模拟分析，并完美通过了实车正面碰撞试验，试验结果验证了东风校车的安全性能在行业内处于领先地位。另外，这款校车已经通过各种路况累计3万公里苛刻的道路试验，整车运行可靠，综合性能良好。

　　为提高校车安全系数，东风针对EQ6666S4D长头校车进行了车窗安全逃生试验。实验结果表明，这款校车用的两种车窗安全逃生方案在紧急的状况下，都可以有效地发挥作用，帮助车内乘员顺利逃生。按照国家校车新标准，校车内都要安装安全锤。从**关注**学童的安全出行出发，为了充分验证此类安全设施的可靠性，近期，东风**客车**公司针对校车实施了车窗安全逃生试验，进而验证在东风校车上，安全锤和电控破玻装置这两种方案能否顺利助人逃出。在试验现场看到，试验员稍加用力就可以将安全锤取下，同时安装在固定位置的安全锤报警器就响起了持续的警报声，警示安全锤已经被拿离了固定区域。当试验人员用安全锤尖锐的一端向玻璃敲击下去，玻璃在瞬间成钝角颗粒状碎裂，打开了车厢内乘客的紧急求生出口。此外，东风客车公司对东风校车电控破玻系统的可靠性进行试验，试验员打开爆破按钮上防止误操作的保护盖，按下了爆破按钮，储能电池与作用电路接通，安装在车窗玻璃上的电控破玻装置产生的冲击波能量接触车窗玻璃，不到一秒钟，瞬间击碎了整块钢化玻璃。钢化玻璃的碎片没有四溅，而是在整块玻璃上形成如同蜂窝状的裂纹。本次试验中使用的电控破玻装置，为东风校车所专用，运用了我国军用级别的安全技术，控制电路采用了整体密封式设计，防尘、防火、防水性能强，还具有抗静电性能。安装在校车上的电控破玻装置使用寿命长达八年，质量可靠，安全有保障。同时，为确保电控破玻装置在紧急状况下发挥作用，对爆破按钮设有保护装置，以防止其他人员随意破坏。电动汽车技术逐步成熟，天然气也应成为新能源汽车的重要组成部分。

附录

一 《校车安全管理条例》

中华人民共和国国务院令第617号

《校车安全管理条例》已经 2012 年 3 月 28 日国务院第 197 次常务会议通过，现予公布，自公布之日起施行。

总理 温家宝

二〇一二年四月五日

第一章 总则

第一条 为了加强校车安全管理，保障乘坐校车学生的人身安全，制定本条例。

第二条 本条例所称校车，是指依照本条例取得使用许可，用于接送接受义务教育的学生上下学的 7 座以上的载客汽车。

接送小学生的校车应当是按照专用校车国家标准设计和制造的小学生专用校车。

第三条 县级以上地方人民政府应当根据本行政区域的学生数量和分布状况等因素，依法制定、调整学校设置规划，保障学生就近入学或者在寄宿制学校入学，减少学生上下学的交通风险。实施义务教育的学校及其教学点的设置、调整，应当充分听取学生家长等有关方面的意见。

县级以上地方人民政府应当采取措施，发展城市和农村的公共交通，合理规划、设置公共交通线路和站点，为需要乘车上下学的学生提供方便。

对确实难以保障就近入学，并且公共交通不能满足学生上下学需要的农村地区，县级以上地方人民政府应当采取措施，保障接受义务教育的学生获得校车服务。

国家建立多渠道筹措校车经费的机制，并通过财政资助、税收优惠、鼓励社会捐赠等多种方式，按照规定支持使用校车接送学生的服务。支持校车服务所需的财政资金由中央财政和地方财政分担，具体办法由国务院财政部门制定。支持校车服务的税收优惠办法，依照法律、行政法规规定的税收管理权限制定。

第四条　国务院教育、公安、交通运输以及工业和信息化、质量监督检验检疫、安全生产监督管理等部门依照法律、行政法规和国务院的规定，负责校车安全管理的有关工作。国务院教育、公安部门会同国务院有关部门建立校车安全管理工作协调机制，统筹协调校车安全管理工作中的重大事项，共同做好校车安全管理工作。

第五条　县级以上地方人民政府对本行政区域的校车安全管理工作负总责，组织有关部门制定并实施与当地经济发展水平和校车服务需求相适应的校车服务方案，统一领导、组织、协调有关部门履行校车安全管理职责。

县级以上地方人民政府教育、公安、交通运输、安全生产监督管理等有关部门依照本条例以及本级人民政府的规定，履行校车安全管理的相关职责。有关部门应当建立健全校车安全管理信息共享机制。

第六条　国务院标准化主管部门会同国务院工业和信息化、公安、交通运输等部门，按照保障安全、经济适用的要求，制定并及时修订校车安全国家标准。

生产校车的企业应当建立健全产品质量保证体系，保证所生产（包括改装，下同）的校车符合校车安全国家标准；不符合标准的，不得出厂、销售。

第七条　保障学生上下学交通安全是政府、学校、社会和家庭的共同责任。社会各方面应当为校车通行提供便利，协助保障校车通行安全。

第八条 县级和设区的市级人民政府教育、公安、交通运输、安全生产监督管理部门应当设立并公布举报电话、举报网络平台，方便群众举报违反校车安全管理规定的行为。

接到举报的部门应当及时依法处理；对不属于本部门管理职责的举报，应当及时移送有关部门处理。

第二章 学校和校车服务提供者

第九条 学校可以配备校车。依法设立的道路旅客运输经营企业、城市公共交通企业，以及根据县级以上地方人民政府规定设立的校车运营单位，可以提供校车服务。

县级以上地方人民政府根据本地区实际情况，可以制定管理办法，组织依法取得道路旅客运输经营许可的个体经营者提供校车服务。

第十条 配备校车的学校和校车服务提供者应当建立健全校车安全管理制度，配备安全管理人员，加强校车的安全维护，定期对校车驾驶人进行安全教育，组织校车驾驶人学习道路交通安全法律法规以及安全防范、应急处置和应急救援知识，保障学生乘坐校车安全。

第十一条 由校车服务提供者提供校车服务的，学校应当与校车服务提供者签订校车安全管理责任书，明确各自的安全管理责任，落实校车运行安全管理措施。

学校应当将校车安全管理责任书报县级或者设区的市级人民政府教育行政部门备案。

第十二条 学校应当对教师、学生及其监护人进行交通安全教育，向学生讲解校车安全乘坐知识和校车安全事故应急处理技能，并定期组织校车安全事故应急处理演练。

学生的监护人应当履行监护义务，配合学校或者校车服务提供者的校车安全管理工作。学生的监护人应当拒绝使用不符合安全要求的车辆接送学生上下学。

第十三条　县级以上地方人民政府教育行政部门应当指导、监督学校建立健全校车安全管理制度，落实校车安全管理责任，组织学校开展交通安全教育。公安机关交通管理部门应当配合教育行政部门组织学校开展交通安全教育。

第三章　校车使用许可

第十四条　使用校车应当依照本条例的规定取得许可。

取得校车使用许可应当符合下列条件：

（一）车辆符合校车安全国家标准，取得机动车检验合格证明，并已经在公安机关交通管理部门办理注册登记；

（二）有取得校车驾驶资格的驾驶人；

（三）有包括行驶线路、开行时间和停靠站点的合理可行的校车运行方案；

（四）有健全的安全管理制度；

（五）已经投保机动车承运人责任保险。

第十五条　学校或者校车服务提供者申请取得校车使用许可，应当向县级或者设区的市级人民政府教育行政部门提交书面申请和证明其符合本条例第十四条规定条件的材料。教育行政部门应当自收到申请材料之日起3个工作日内，分别送同级公安机关交通管理部门、交通运输部门征求意见，公安机关交通管理部门和交通运输部门应当在3个工作日内回复意见。教育行政部门应当自收到回复意见之日起5个工作日内提出审查意见，报本级人民政府。本级人民政府决定批准的，由公安机关交通管理部门发给校车标牌，并在机动车行驶证上签注校车类型和核载人数；不予批准的，书面说明理由。

第十六条　校车标牌应当载明本车的号牌号码、车辆的所有人、驾驶人、行驶线路、开行时间、停靠站点以及校车标牌发牌单位、有效期等事项。

第十七条　取得校车标牌的车辆应当配备统一的校车标志灯和停车指示标志。

校车未运载学生上道路行驶的，不得使用校车标牌、校车标志灯和停车指示标志。

第十八条　禁止使用未取得校车标牌的车辆提供校车服务。

第十九条　取得校车标牌的车辆达到报废标准或者不再作为校车使用的，学校或者校车服务提供者应当将校车标牌交回公安机关交通管理部门。

第二十条　校车应当每半年进行一次机动车安全技术检验。

第二十一条　校车应当配备逃生锤、干粉灭火器、急救箱等安全设备。安全设备应当放置在便于取用的位置，并确保性能良好、有效适用。

校车应当按照规定配备具有行驶记录功能的卫星定位装置。

第二十二条　配备校车的学校和校车服务提供者应当按照国家规定做好校车的安全维护，建立安全维护档案，保证校车处于良好技术状态。不符合安全技术条件的校车，应当停运维修，消除安全隐患。

校车应当由依法取得相应资质的维修企业维修。承接校车维修业务的企业应当按照规定的维修技术规范维修校车，并按照国务院交通运输主管部门的规定对所维修的校车实行质量保证期制度，在质量保证期内对校车的维修质量负责。

第四章　校车驾驶人

第二十三条　校车驾驶人应当依照本条例的规定取得校车驾驶资格。

取得校车驾驶资格应当符合下列条件：

（一）取得相应准驾车型驾驶证并具有 3 年以上驾驶经历，年龄在 25 周岁以上、不超过 60 周岁；

（二）最近连续 3 个记分周期内没有被记满分记录；

（三）无致人死亡或者重伤的交通事故责任记录；

（四）无饮酒后驾驶或者醉酒驾驶机动车记录，最近 1 年内无驾驶客运车辆超员、超速等严重交通违法行为记录；

（五）无犯罪记录；

（六）身心健康，无传染性疾病，无癫痫、精神病等可能危及行车安全的疾病病史，无酗酒、吸毒行为记录。

第二十四条 机动车驾驶人申请取得校车驾驶资格，应当向县级或者设区的市级人民政府公安机关交通管理部门提交书面申请和证明其符合本条例第二十三条规定条件的材料。公安机关交通管理部门应当自收到申请材料之日起 5 个工作日内审查完毕，对符合条件的，在机动车驾驶证上签注准许驾驶校车；不符合条件的，书面说明理由。

第二十五条 机动车驾驶人未取得校车驾驶资格，不得驾驶校车。禁止聘用未取得校车驾驶资格的机动车驾驶人驾驶校车。

第二十六条 校车驾驶人应当每年接受公安机关交通管理部门的审验。

第二十七条 校车驾驶人应当遵守道路交通安全法律法规，严格按照机动车道路通行规则和驾驶操作规范安全驾驶、文明驾驶。

第五章 校车通行安全

第二十八条 校车行驶线路应当尽量避开急弯、陡坡、临崖、临水的危险路段；确实无法避开的，道路或者交通设施的管理、养护单位应当按照标准对上述危险路段设置安全防护设施、限速标志、警告标牌。

第二十九条 校车经过的道路出现不符合安全通行条件的状况或者存在交

通安全隐患的，当地人民政府应当组织有关部门及时改善道路安全通行条件、消除安全隐患。

第三十条　校车运载学生，应当按照国务院公安部门规定的位置放置校车标牌，开启校车标志灯。

校车运载学生，应当按照经审核确定的线路行驶，遇有交通管制、道路施工以及自然灾害、恶劣气象条件或者重大交通事故等影响道路通行情形的除外。

第三十一条　公安机关交通管理部门应当加强对校车行驶线路的道路交通秩序管理。遇交通拥堵的，交通警察应当指挥疏导运载学生的校车优先通行。

校车运载学生，可以在公共交通专用车道以及其他禁止社会车辆通行但允许公共交通车辆通行的路段行驶。

第三十二条　校车上下学生，应当在校车停靠站点停靠；未设校车停靠站点的路段可以在公共交通站台停靠。

道路或者交通设施的管理、养护单位应当按照标准设置校车停靠站点预告标识和校车停靠站点标牌，施划校车停靠站点标线。

第三十三条　校车在道路上停车上下学生，应当靠道路右侧停靠，开启危险报警闪光灯，打开停车指示标志。校车在同方向只有一条机动车道的道路上停靠时，后方车辆应当停车等待，不得超越。校车在同方向有两条以上机动车道的道路上停靠时，校车停靠车道后方和相邻机动车道上的机动车应当停车等待，其他机动车道上的机动车应当减速通过。校车后方停车等待的机动车不得鸣喇叭或者使用灯光催促校车。

第三十四条　校车载人不得超过核定的人数，不得以任何理由超员。

学校和校车服务提供者不得要求校车驾驶人超员、超速驾驶校车。

第三十五条　载有学生的校车在高速公路上行驶的最高时速不得超过 80 公里，在其他道路上行驶的最高时速不得超过 60 公里。

道路交通安全法律法规规定或者道路上限速标志、标线标明的最高时速低于前款规定的，从其规定。

载有学生的校车在急弯、陡坡、窄路、窄桥以及冰雪、泥泞的道路上行驶，或者遇有雾、雨、雪、沙尘、冰雹等低能见度气象条件时，最高时速不得超过20公里。

第三十六条　交通警察对违反道路交通安全法律法规的校车，可以在消除违法行为的前提下先予放行，待校车完成接送学生任务后再对校车驾驶人进行处罚。

第三十七条　公安机关交通管理部门应当加强对校车运行情况的监督检查，依法查处校车道路交通安全违法行为，定期将校车驾驶人的道路交通安全违法行为和交通事故信息抄送其所属单位和教育行政部门。

第六章　校车乘车安全

第三十八条　配备校车的学校、校车服务提供者应当指派照管人员随校车全程照管乘车学生。校车服务提供者为学校提供校车服务的，双方可以约定由学校指派随车照管人员。

学校和校车服务提供者应当定期对随车照管人员进行安全教育，组织随车照管人员学习道路交通安全法律法规、应急处置和应急救援知识。

第三十九条　随车照管人员应当履行下列职责：

（一）学生上下车时，在车下引导、指挥，维护上下车秩序；

（二）发现驾驶人无校车驾驶资格，饮酒、醉酒后驾驶，或者身体严重不适以及校车超员等明显妨碍行车安全情形的，制止校车开行；

（三）清点乘车学生人数，帮助、指导学生安全落座、系好安全带，确认车门关闭后示意驾驶人启动校车；

（四）制止学生在校车行驶过程中离开座位等危险行为；

（五）核实学生下车人数，确认乘车学生已经全部离车后本人方可离车。

第四十条　校车的副驾驶座位不得安排学生乘坐。

校车运载学生过程中，禁止除驾驶人、随车照管人员以外的人员乘坐。

第四十一条　校车驾驶人驾驶校车上道路行驶前，应当对校车的制动、转向、外部照明、轮胎、安全门、座椅、安全带等车况是否符合安全技术要求进行检查，不得驾驶存在安全隐患的校车上道路行驶。

校车驾驶人不得在校车载有学生时给车辆加油，不得在校车发动机引擎熄灭前离开驾驶座位。

第四十二条　校车发生交通事故，驾驶人、随车照管人员应当立即报警，设置警示标志。乘车学生继续留在校车内有危险的，随车照管人员应当将学生撤离到安全区域，并及时与学校、校车服务提供者、学生的监护人联系处理后续事宜。

第七章　法律责任

第四十三条　生产、销售不符合校车安全国家标准的校车的，依照道路交通安全、产品质量管理的法律、行政法规的规定处罚。

第四十四条　使用拼装或者达到报废标准的机动车接送学生的，由公安机关交通管理部门收缴并强制报废机动车；对驾驶人处 2000 元以上 5000 元以下的罚款，吊销其机动车驾驶证；对车辆所有人处 8 万元以上 10 万元以下的罚款，有违法所得的予以没收。

第四十五条　使用未取得校车标牌的车辆提供校车服务，或者使用未取得校车驾驶资格的人员驾驶校车的，由公安机关交通管理部门扣留该机动车，处 1 万元以上 2 万元以下的罚款，有违法所得的予以没收。

取得道路运输经营许可的企业或者个体经营者有前款规定的违法行为，除依照前款规定处罚外，情节严重的，由交通运输主管部门吊销其经营许可证件。

伪造、变造或者使用伪造、变造的校车标牌的，由公安机关交通管理部门收缴伪造、变造的校车标牌，扣留该机动车，处2000元以上5000元以下的罚款。

第四十六条　不按照规定为校车配备安全设备，或者不按照规定对校车进行安全维护的，由公安机关交通管理部门责令改正，处1000元以上3000元以下的罚款。

第四十七条　机动车驾驶人未取得校车驾驶资格驾驶校车的，由公安机关交通管理部门处1000元以上3000元以下的罚款，情节严重的，可以并处吊销机动车驾驶证。

第四十八条　校车驾驶人有下列情形之一的，由公安机关交通管理部门责令改正，可以处200元罚款：

（一）驾驶校车运载学生，不按照规定放置校车标牌、开启校车标志灯，或者不按照经审核确定的线路行驶；

（二）校车上下学生，不按照规定在校车停靠站点停靠；

（三）校车未运载学生上道路行驶，使用校车标牌、校车标志灯和停车指示标志；

（四）驾驶校车上道路行驶前，未对校车车况是否符合安全技术要求进行检查，或者驾驶存在安全隐患的校车上道路行驶；

（五）在校车载有学生时给车辆加油，或者在校车发动机引擎熄灭前离开驾驶座位。

校车驾驶人违反道路交通安全法律法规关于道路通行规定的，由公安机关交通管理部门依法从重处罚。

第四十九条　校车驾驶人违反道路交通安全法律法规被依法处罚或者发生

道路交通事故，不再符合本条例规定的校车驾驶人条件的，由公安机关交通管理部门取消校车驾驶资格，并在机动车驾驶证上签注。

第五十条　校车载人超过核定人数的，由公安机关交通管理部门扣留车辆至违法状态消除，并依照道路交通安全法律法规的规定从重处罚。

第五十一条　公安机关交通管理部门查处校车道路交通安全违法行为，依法扣留车辆的，应当通知相关学校或者校车服务提供者转运学生，并在违法状态消除后立即发还被扣留车辆。

第五十二条　机动车驾驶人违反本条例规定，不避让校车的，由公安机关交通管理部门处 200 元罚款。

第五十三条　未依照本条例规定指派照管人员随校车全程照管乘车学生的，由公安机关责令改正，可以处 500 元罚款。

随车照管人员未履行本条例规定的职责的，由学校或者校车服务提供者责令改正；拒不改正的，给予处分或者予以解聘。

第五十四条　取得校车使用许可的学校、校车服务提供者违反本条例规定，情节严重的，原作出许可决定的地方人民政府可以吊销其校车使用许可，由公安机关交通管理部门收回校车标牌。

第五十五条　学校违反本条例规定的，除依照本条例有关规定予以处罚外，由教育行政部门给予通报批评；导致发生学生伤亡事故的，对政府举办的学校的负有责任的领导人员和直接责任人员依法给予处分；对民办学校由审批机关责令暂停招生，情节严重的，吊销其办学许可证，并由教育行政部门责令负有责任的领导人员和直接责任人员 5 年内不得从事学校管理事务。

第五十六条　县级以上地方人民政府不依法履行校车安全管理职责，致使本行政区域发生校车安全重大事故的，对负有责任的领导人员和直接责任人员依法给予处分。

第五十七条　教育、公安、交通运输、工业和信息化、质量监督检验检疫、安全生产监督管理等有关部门及其工作人员不依法履行校车安全管理职责的，对负有责任的领导人员和直接责任人员依法给予处分。

第五十八条　违反本条例的规定，构成违反治安管理行为的，由公安机关依法给予治安管理处罚；构成犯罪的，依法追究刑事责任。

第五十九条　发生校车安全事故，造成人身伤亡或者财产损失的，依法承担赔偿责任。

第八章　附则

第六十条　县级以上地方人民政府应当合理规划幼儿园布局，方便幼儿就近入园。

入园幼儿应当由监护人或者其委托的成年人接送。对确因特殊情况不能由监护人或者其委托的成年人接送，需要使用车辆集中接送的，应当使用按照专用校车国家标准设计和制造的幼儿专用校车，遵守本条例校车安全管理的规定。

第六十一条　省、自治区、直辖市人民政府应当结合本地区实际情况，制定本条例的实施办法。

第六十二条　本条例自公布之日起施行。

本条例施行前已经配备校车的学校和校车服务提供者及其聘用的校车驾驶人应当自本条例施行之日起90日内，依照本条例的规定申请取得校车使用许可、校车驾驶资格。

本条例施行后，用于接送小学生、幼儿的专用校车不能满足需求的，在省、自治区、直辖市人民政府规定的过渡期限内可以使用取得校车标牌的其他载客汽车。

二 专用小学生校车安全技术条件（全文）

中华人民共和国国家质量监督检验检疫总局
中国国家标准化管理委员会 发布

前言

本标准第 4 章为强制性的，其余为推荐性的。

本标准参考美国联邦机动车安全标准 FMVSS 222:1998《校车乘员座椅及碰撞保护》、FMVSS 111:2004《后视镜》。

本标准实施的过渡期要求：本标准第 4.2 条对上部结构强度的规定自 2012 年 1 月 1 日起实施。

本标准附录 A 为规范性附录、附录 B 为资料性附录。

请注意本标准的某些内容有可能涉及专利。本标准的发布机构不应承担识别这些专利的责任。

本标准由国家发展和改革委员会提出。

本标准由全国汽车标准化技术委员会（SAC/TC 114）归口。

本标准起草单位：

国家客车质量监督检验中心、中国公路车辆机械有限公司、中国汽车技术研究中心、郑州宇通客车股份有限公司、东风旅行车有限公司、江苏快乐客车有限公司、南京依维柯汽车有限公司、牡丹汽车股份有限公司、扬州亚星商用车有限公司、扬州亚星客车股份有限公司、江苏旷达汽车织物集团有限公司。

本标准主要起草人：

李弢、王欣、孙鹰、李维菁、周政平、刘仁喜、张金文、陈涛、胡芳芳、陶荣华、唐京玫、邓玉林、陆云龙、陈庆娣、徐文健、彭建斌、赵卫丽、蒋玲

《专用小学生校车安全技术条件》

范围

本标准规定了专用小学生校车的安全要求。

本标准适用于专用小学生校车。

规范性引用文件

下列文件中的条款通过本标准的引用而成为本标准的条款。凡是注日期的引用文件，其随后所有的修改单（不包括勘误的内容）或修订版均不适用于本标准，然而，鼓励根据本标准达成协议的各方研究是否可使用这些文件的最新版本。凡是不注日期的引用文件，其最新版本适用于本标准。

GB/T 2406 塑料燃烧性能试验方法 氧指数法（GB/T 2406-1993，neq ISO 4589:1984）

GB/T 4780 汽车车身术语

GB/T 5454 纺织品 燃烧性能试验 氧指数法（GB/T 5454-1997，neq ISO 4589:1984）

GB 8410 汽车内饰材料的燃烧特性

GB/T 8627-2007 建筑材料燃烧或分解的烟密度试验方法

GB/T 12428 客车装载质量计算方法

GB 13057 客车座椅及其车辆固定件的强度

GB 13094-2007 客车结构安全要求

GB 14166 机动车成年乘员用安全带和约束系统

GB 14167 汽车安全带安装固定点

GB 15083 汽车座椅、座椅固定装置及头枕强度要求和试验方法

GB 15084 机动车辆后视镜的性能和安装要求

GB/T 17578 客车上部结构强度的规定

GB 18986-2003 轻型客车结构安全要求

GB/T 19056 汽车行驶记录仪

GB XXXXX 专用小学生校车座椅及其车辆固定件的强度

QC/T 633 客车座椅

术语和定义

GB/T 4780、GB/T 12428、GB 13094-2007、GB 18986-2003、QC/T 633 中确立的以及下列术语和定义适用于本标准。

3.1

校车 School bus

用于运送不少于 5 名幼儿园、小学、中学等教育机构的学生及其照管人员上下学的客车和乘用车。按乘坐对象分为幼儿校车、小学生校车和其他校车，按车辆属性分为专用校车和非专用校车。

[GB 7258 第 2 号修改单，定义 3.2.10]

3.2

小学生校车 School bus for schoolchildren

运送小学生上下学的校车。

[GB 7258 第 2 号修改单，定义 3.2.10.2]

3.3

专用校车 Special school bus

设计和制造上专门用于运送学生的校车。

[GB 7258 第 2 号修改单，定义 3.2.10.3]

3.4

专用小学生校车 Special school bus for schoolchildren

设计和制造上专门运送不少于 10 人的小学生校车。

3.5

护板 Fender 具有防护、装饰作用的板件。

要求

4.1 一般要求

4.1.1 防火措施

4.1.1.1 发动机舱、燃油箱、燃油供给系统、电气设备与导线、蓄电池、灭火器应分别符合 GB 13094-2007 中 4.4.1—4.4.6 的要求。在排气系统或其他明显的热源周围 100mm 内不允许有可燃材料，除非将其有效屏蔽。

4.1.1.2 内饰材料的燃烧性能应满足：

4.1.1.2.1 按 GB 8410 规定的方法进行试验时，材料的最大水平燃烧速度 ≤ 70mm/min。

4.1.1.2.2 内饰材料的氧指数 OI ⩾ 22%：

a）针对纺织品及塑料、橡胶类涂附织物，试样应从距离布边 1/10 幅宽的部位剪取，每个试样的尺寸为 150mm×58mm。对因尺寸太小无法按照规定尺寸制样的产品不做此条要求。试验方法按 GB/T 5454 的规定执行。

b) 其他塑料材料，试样按规定取样。对因尺寸太小无法按照规定尺寸制样的产品不做此条要求。试验方法按 GB/T 2406 的规定执行。

4.1.2 安全带

4.1.2.1 每个小学生座位应安装安全带。安全带应符合 GB 14166 的规定，安全带固定点的强度应满足 GB 14167 中 M2 类车辆的要求。

4.1.2.2 如装有能开启每个座位上安全带的集中控制装置，其操纵件应设置在驾驶员可操作范围内，并且该装置在任何情况下均不应影响每个安全带的正常操作功能。

4.1.3 照管人员座位

专用小学生校车（以下简称为"校车"）应至少安装一个照管人员座位，当座位数超过 40 个时应至少安装两个照管人员座位，照管人员座位的布置应靠近通道，分别位于车辆前部、中部或者后部。照管人员座位应有永久性标识。

4.1.4 行驶记录仪

自撑材料

非自撑材料

4.1.1.2.3 塑料类内饰材料烟密度等级（SDR）≤ 75，试验方法按 GB/T 8627-2007 的规定执行。

校车应装有行驶记录仪并满足 GB/T 19056 的要求。

4.1.5 车窗

校车车窗的固定形式应为下半部分固定，也可为全封闭车窗。

4.1.6 装载质量

小学生的装载质量按 48kg（含随身行李）计算，车组人员的装载质量按 75kg 计算。

4.1.7 其他

车长小于 6m 的专用校车的车身应为两厢式车身，且一半以上的发动机长度应位于车辆前风窗玻璃最前点以前。双层客车、铰接客车不应作为校车。

4.2 上部结构强度

上部结构强度应符合 GB/T 17578 的要求。

4.3 座椅

4.3.1 长条座椅（指座垫、靠背均为条形的供两人或多人乘坐的座椅）作为小学生座位使用时，每人座垫宽应不小于 350mm；单人座椅座垫宽应不小于 400mm。

4.3.2 座椅深应不小于 350mm，座垫高应为 280—380mm（轮罩处的座椅可例外），靠背高度应不小于 710mm。

4.3.3 小学生座椅及其车辆固定件应满足 GB XXXXX 的要求。

4.3.4 小学生座椅应纵向布置（与车辆前进的方向相同）。座椅垫面不应前倾，靠近通道的座椅还应在通道一侧设置平行于椅垫面的座椅扶手，扶手距离座垫为 160—180mm。

4.3.5 驾驶员座椅和照管人员座椅应分别符合 GB 15083 和 GB 13057 的要求。小学生座椅不应是易折叠的单人座椅。

4.3.6 如果校车上设有协助行动不便/使用轮椅的学生的装置，则应符合 GB 13094-2007 中附录 A 的要求。

4.4 护板

4.4.1 在座椅 R 点前方，沿纵向水平方向 610mm 的范围内没有另一座椅的后表面时，应在该座椅位置前安装护板。护板上缘距地板高度应不小于其后座椅高度，下缘距离地板高度应不大于 200mm，宽度应能包括前排此类座椅椅背对应的宽度。

4.4.2 按 GB XXXXX 规定的座椅前倾试验方法进行试验后，护板应满足：

a）护板的变形不应妨碍车门正常开关。

b）护板的任何安装固定点不应脱开。

c）护板的任何部件不应分离。

4.5 出口

4.5.1 出口的最少数量

为满足紧急情况下的乘员撤离和车外救助，校车出口的最少数量均应符合规定。

不论撤离舱口有多少，只计为一个应急出口。

4.5.2 乘客门数量

至少应有两个车门，其中至少一个为乘客门。

4.5.3 撤离舱口数量

4.5.3.1 乘员数小于 33 人的校车前围和后围应至少有一个出口，否则应设置一个撤离舱口。

4.5.3.2 乘员数不小于 33 人（含 33 人）的校车应设撤离舱口。

4.5.4 出口的位置

4.5.4.2 车辆的左侧、右侧至少各有一个出口。

4.5.4.3 乘客区的前半部和后半部应至少各设一个出口。

4.5.4.5 若车顶或地板上设有一个撤离舱口，应位于车辆中部范围内（该范围的长度等于车长的 1/2）；若设有两个撤离舱口，二者相邻两边之间距离（平行于车辆纵轴线测量）至少 2m。

4.5.5 出口的最小尺寸

各种出口的最小尺寸应符合国家相关规定。

4.5.4.1 乘客门应设置在车辆右侧或后围。

4.5.4.4 双引道门应计为两个车门，每个双窗或多窗应计为两个应急窗。

4.5.6 技术要求

4.5.6.1 乘客门技术要求

乘客门应符合 GB 18986-2003 中 4.4.4—4.4.5 的要求。

4.5.6.2 应急出口技术要求

a) 应急门应符合 GB 13094-2007 中 4.5.6 的要求；

b) 乘员数小于 33 人的校车，应急窗应符合 GB 18986-2003 中 4.4.7 的要求；乘员数不小于 33 人（含 33 人）的校车，应急窗应符合 GB 13094-2007 中 4.5.7 的要求；

c) 撤离舱口应符合 GB 13094-2007 中 4.5.8 的要求。

4.5.7 应急出口的开启

应急出口的锁止装置应能从车内和车外手动解锁开启，解锁力和开启力应不超过 178N。

4.5.8 应急出口标识

4.5.8.1 每个应急出口处应在车内标示"应急出口"或国际通用符号。

4.5.8.2 乘客门和所有应急出口的应急控制器应在车内用符号或清晰字样标示。

4.5.8.3 在出口的每个应急控制器处或附近，应有关于操作方法的清晰说明。

4.6 车内布置

4.6.1 乘客门引道

4.6.1.1 从乘客门向车内的延伸空间应允许垂直平板 1 或铅垂平板 2 自由通过。铅垂平板正面的移动方向与乘客出入方向一致。

4.6.1.2 当垂直平板 1(或 2) 的中心线从起始位置移过 300mm，将平板底部接触踏步表面并保持在此位置。

4.6.1.3 用来检查通道空间的圆柱体从通道开始沿乘员离开车辆的运动方向移动，直到其中心线达到最上一级踏步外边缘所在的垂直平面或上圆柱接触垂直平板1(或2)(以先出现为准)，并保持在此位置。

4.6.1.4 在上述位置的圆柱体同4.6.1.2所述位置的垂直平板1(或2)之间应允许垂直平板3自由通过。垂直平板3的形状和尺寸与4.6.5所述的圆柱体的中心截面相同，其厚度不大于20mm。垂直平板3从与圆柱体相切的位置移动到其外侧板面与垂直平板1接触，其底部触及由踏步外边缘形成的平面，移动方向与乘员出入乘客门的方向一致。

4.6.1.5 上述测量装置自由通过的净空间，不应包括前向或后向座椅未压缩座垫前300mm、或安装在轮罩上的座椅前225mm范围内，高度从地板至座垫最高点的空间。

4.6.1.6 折叠座椅应在座椅打开位置时测量。

4.6.1.7 对照管人员专用的折叠座椅，若符合下列要求，则允许在其折叠位置测量：

a) 在车上清楚地标示，此座椅仅供照管人员使用；

b) 座椅不使用时应能自动折叠，以便满足4.6.1.1—4.6.1.5的要求；

c) 无论该座椅处于使用位置或折叠状态，其任何部位均不应位于驾驶员座椅(处于最后位置时)座垫上表面中心与车外右后视镜中心连线所在的垂直平面的前方。

4.6.1.8 对于最大设计总质量不超过3.5t和乘客座位数不大于18座的校车，如果每个座椅均有可抵达至少2个车门的无阻碍通路，则不必满足4.6.1.1—4.6.1.4、4.6.2.1、4.6.3.1、4.6.7.2的要求。

4.6.1.9、4.6.1.8中的无障碍通路应满足GB 18986-2003中4.5.1.7的要求。

4.6.2 应急门引道

4.6.2.1 应急门引道应符合 GB 13094-2007 中 4.6.2 的要求。

4.6.2.2 对 4.6.1.8 规定的校车，至应急门的通路应符合 GB 18986-2003 中 4.5.1.6 的要求。

4.6.3 应急窗的通过性

4.6.3.1 每个应急窗应能满足相应的测试量具从通道经应急窗移到车外。

4.6.3.2 测试量具的运动方向应与乘客从车辆撤出的方向一致，其正面（最大端面）应与运动方向保持垂直。

4.6.3.3 乘员数小于 33 人的校车，测量器具为一个长轴 500mm、短轴（旋转轴）330mm 的椭圆体；乘员数不小于 33 人（含 33 人）的校车，测试量具尺寸应为 600mm×400mm、圆角半径 200mm 的薄板，但若应急窗在车辆后围，其尺寸可改为 1 400mm×350mm、圆角半径 175mm。

4.6.4 撤离舱口的通过性

4.6.4.1 车顶出口

至少一个车顶出口应满足如下可接近性：用侧面与垂面成 20°角、高 1600mm（边长不限定）的正四棱台测量：保持棱台轴线垂直，当其上底面位于车顶出口的开口区域内并且不低于车顶外表面高度处时，其下底面应能接触到座椅或相应的支撑件上。支撑件可以折叠或移动，但应能锁止在其所需使用的位置。

4.6.4.2 地板出口

4.6.4.2.1 地板出口上方应有相当于通道高度的净空间，并应满足测试量具（600 mm×400mm、圆角半径 200mm 的薄板）从地板上方 1m 的高度处畅通无阻地直接到达地面，通过时板面保持水平。

4.6.4.2.2 任何热源或运动部件距地板出口应不小于 500mm。

4.6.5 通道

4.6.5.1 通道应允许测量装置自由通过。通过时若同其他柔性物（如座椅安全带）接触，可将其移开。

4.6.5.2 如果座椅前面没有出口，此处的通道应符合 GB 13094-2007 中 4.6.5.2 的要求。

4.6.5.3 通道内允许有台阶，台阶顶部的宽度应不小于通道宽度，通道和引道表面应防滑。

4.6.5.4 对于最大设计总质量不超过 3.5t 和座位数不大于 18 座的校车，如果每个座椅均有可抵达至少 2 个车门的无阻碍通路，并满足 GB 18986-2003 中 4.5.1.7 的要求，则不需要通道。

4.6.6 踏步

在校车空载状态下，第一级踏步离地高应不大于 350mm，允许使用伸缩踏步达到要求。其他各级踏步的高度应不大于 250mm、有效深度（从该台阶前缘到下一个台阶前缘的水平距离）应不小于 200mm。

校车的台阶踏板（包括伸缩踏板）应有防滑功能，台阶踏板前缘应清晰可辨。

4.6.7 小学生座位的乘坐空间

4.6.7.1 座间距

4.6.7.1.1 小学生座位的座间距 H: 小学生座椅靠背的前面与前排座椅靠背后面之间的距离（在座垫上表面最高点所处平面与地板上方 620mm 高度范围内水平测量），应不小于 550mm。

4.6.7.1.2 所有数据均在通过座位中心线的垂直平面内测量，且座垫和靠背都未被压陷。

4.6.7.2 座位上方的自由空间

4.6.7.2.1 每个座位均应有垂直净空间，它是从未压陷座垫的最高点所处平面向上不小于 900mm，以及从就座乘客搁脚的地板向上不小于 1350mm，对于轮罩处和适用于 4.6.1.8 的校车，可减为 1200mm。

4.6.7.2.2 这个净空间应包括下述的全部水平区域：

a) 横向区域：对单人座椅，座位中心垂直平面两侧各 200mm 处的纵向垂直平面之间；对长条座椅，在每个座位中心垂直平面两侧各 175mm 处的纵向垂直平面之间。

b) 纵向区域：通过座椅靠背上部最后点的横向垂直平面和通过未压缩座垫前端向前 200mm 的横向垂直平面之间。测量在座位中心垂直平面进行。

4.6.7.2.3 该净空间可以不包括下列区域：

a) 外侧座椅上方邻靠侧围的横截面为 150mm 高、100mm 宽的矩形区域。

b) 外侧座椅上方邻靠侧围的横截面为一个倒置直角三角形的区域，三角形顶点位于地板上方 650mm，底边宽 100mm。

c) 外侧座椅的椅脚靠近侧围处，横截面积不超过 $2 \times 104mm^2$（低地板客车 $3 \times 104mm^2$）、最大宽度不超过 100mm（低地板客车 150mm）的区域。

4.6.7.2.4 该净空间应允许另一座椅靠背及其支撑件和附属装置（例如折叠桌）的侵入。

4.7 车内照明

车内照明符合 GB 13094-2007 中 4.7 的要求。

4.8 扶手

4.8.1 扶手和把手应有足够的强度。

4.8.2 扶手和把手不应有伤害乘客的危险。

4.8.3 扶手和把手的截面应使乘客易于抓紧，每个扶手的表面应防滑。

4.9 活动盖板

活动盖板应符合 GB 13094-2007 中 4.13 的要求。

4.10 视觉娱乐装置

乘客视觉娱乐装置应放在驾驶员正常驾驶位置时的视野以外。

4.11 车厢内通风

如果车厢内不能进行自然通风，应装设强制通风装置。

4.12 驾驶员视野

4.12.1 驾驶员视野应满足附录 A 的要求。

4.12.2 应保证驾驶员能看清后风窗玻璃后下方地面上长 3.6m、宽 2.5m 范围内的情况。

4.12.3 驾驶员在正常驾驶状态下应能观察到车内乘员的活动。

4.12.4 检验驾驶员视野的眼点位置的确定应符合 GB 15084 的规定。

规范性附录

驾驶员视野的试验方法

A.1 试验条件

A.1.1 校车应保证驾驶员能看清圆柱体的整个顶面。

A.1.2 圆柱体 A—O 的高度和直径均为 0.3m；圆柱体 P 的直径为 0.3m，高度为 0.91m。

A.1.3 圆柱体的颜色应与车辆所停靠路面形成强烈的对比。

A.2 试验步骤

将圆柱体放置在 A.2.1—A.2.7 规定的位置上，所示距离为一个圆柱体到另一个圆柱体的俯视图的中心距离。

A.2.1 放置圆柱体 G、H 和 I，使它们与一个横向垂直平面相切，该横向垂直平面是与车辆前保险杠最前方表面相切的平面。放置圆柱体 D、E 和 F，使它们的中心位于一个横向垂直平面内，该横向垂直平面在穿过圆柱体 G、H 和

I中心的横向垂直平面前方 1.8m 处。放置圆柱体 A、B 和 C，使它们的中心位于一个横向垂直平面内，该横向垂直平面在穿过圆柱体 G、H 和 I 中心的横向垂直平面前方 3.6m 处。

A.2.2 放置圆柱体 B、E 和 H，使它们的中心位于一个纵向垂直平面上，该纵向垂直平面穿过车辆纵向中心线。

A.2.3 放置圆柱体 A、D 和 G，使它们的中心位于一个纵向垂直平面上，该纵向垂直平面与汽车前保险杠左侧最外侧边缘相切。

A.2.4 放置圆柱体 C、F 和 I，使它们的中心位于一个纵向垂直平面上，该纵向垂直平面与汽车前保险杠右侧最外侧边缘相切。

A.2.5 放置圆柱体 J，使它的中心在一个纵向垂直平面上，该纵向垂直平面在穿过圆柱体 A、D 和 G 的纵垂直平面的左方 0.3m 处，且 J 的中心在穿过车辆前轮轴中心线的横向垂直平面上。

A.2.6 放置圆柱体 K，使它的中心在一个纵向垂直平面上，该平面穿过圆柱体 C、F 和 I 的纵向垂直平面的右方 0.3m 处，且 K 的中心在穿过车辆前轮轴中心线的横向垂直平面上。

A.2.7 放置圆柱体 L、M、N、O 和 P，使它们的中心位于通过车辆后轴中心线的横向垂直平面上。放置圆柱体 L，使它的中心在距离相切于车辆左边最外侧表面（包括后视镜系统）的纵向垂直平面 1.8m 的纵向垂直平面上。放置圆柱体 M，使它的中心在距离相切于车辆左边最外侧表面的纵向垂直平面 0.3m 的纵向垂直平面上。放置圆柱体 N，使它的中心在距离相切于车辆右边最外侧表面的纵向垂直平面 0.3m 的纵向垂直平面上。放置圆柱体 O，使它的中心在距离相切于车辆右边最外侧表面的纵向垂直平面 1.8m 的纵向垂直平面上。放置圆柱体 P，使它的中心在距离相切于车辆右边最外侧表面的纵向垂直平面 3.6m 的纵向垂直平面上。

三 美国校车委员会：《校车安全指南》
（该指南由美国校车委员会签发）

关于小学生运输安全的如下指南，由美国校车委员会（American School Bus Council）签发，该委员会所代表的，是公有及私有运输服务供应商、校车制造商、各州学生运输政策领导人，几方力量聚集在该委员会里，只为共同确保能给我国学童提供安全、实用、高效、健康的运输服务。该委员会成员包括：美国小学生运输协会（National Association for Pupil Transportation，简称为NAPT）、美国各州小学生运输服务中心董事协会（National Association of State Directors of Pupil Transportation Services，简称为NASDPTS）、美国学校运输协会（National School Transportation Association，简称为NSTA）、蓝鸟集团（Blue Bird Corp.）、IC 集团（IC Corporation）和托马斯客车制造有限公司（Thomas Built Buses）。

该指南参考了多项资料，其中包括第14届美国学校运输大会（National Congress on School Transportation）颁布的《2005年美国学校运输细则与流程规范（修订版）》。该大会始于1939年，与会者主要是来自各州教育、校车、公共安全及运输领域的官员、代表和顾问。大会每五年举行一次，以审批校车使用流程和运营方面的相关措施。

《校车安全指南》的使用对象，是那些负责给每日往返于学校的260多万学童提供安全运输的人，其中包括学区、客车公司以及负责小学生运输的行政人员。该指南涉及运输安全，应急措施，校车司机岗位要求、聘用与培训，卫生与环境安全。这些规定适用于——在某些情况下优先于——联邦法律及州法律，意在确保校车是我国学童最安全的交通工具。

一、校车设计和制造方面的卫生与环境安全

I. 空气质量

所有运营的校车，自制造之日起，就必须遵守美国环境保护署（U.S. Environmental Protection Agency，简称为 EPA）颁布的排污要求。

联邦法律规定，2004 年及以后生产的校车柴油引擎，都要安装污染控制装置。

根据美国环境保护署最新规定，以及相关的行业惯例，校车要使用超低硫柴油或者经《清洁空气法案》核准的替代性清洁燃料。

所有新生产的校车，都必须符合新出台的烟雾限制规定，能够将煤灰和烟雾的排放量分别减少 90% 和 95%。

美国校车协会签发了《美国校车清洁计划》，其目的是，截至 2010 年，对全国所有校车进行升级，对旧车进行改装，启用全新的限排技术和更清洁的燃料，减少排污量，同时，在财力许可且不会导致校车载客量下降的情况下，购置全新减排型校车。

由于新校车普遍比旧校车的排放量小，学区应该在绝大部分适用的校车路线和学校活动途中，启用新校车。

区应该确保校车的检验与维护过程能够监控到校车的废气排放情况，最大限度地做好污染控制。

各州及学区应该研究落实限制校车引擎空转的政策，限制校车在学校候车区、停车场或学校操场周遭的空转时间，以实现减排。

II. 噪音

根据美国职业安全与健康研究所（National Institute for Occupational Safety and Health）提供的建议，所有校车均须符合对噪音级别的要求，将车厢内的噪音限制在 85 分贝以下，以防造成听力损失。

III. 燃料

学区应该尽可能地使用清洁燃料，以减少排污量。清洁燃料包括清洁柴油、生物柴油、压缩天然气、丙烷以及混合技术。

二、小学生运输安全：车辆与规程

小学生运输安全方案管理与操作

I. 校车标识和装备

所有校车必须容易被公众和学生识别，校车须具备统一的标识和颜色。 校车标识应该遵循：

依据国家标准与技术协会要求，统一喷涂"美国校车黄"。

分别在校车前面和后面的警告信号灯之间以大字标明"校车"（School Bus）。

配备一个带有停止标志的臂杆，在红灯闪烁时同时使用。

配备一个黄色红色信号灯系统，用以警告其他驾驶者校车正在刹车，或停车让乘客上下车。

配备反光镜，让司机可以看到汽车两侧的尾部和车的前部。

配备多个紧急出口。

配备灭火器和其他紧急情况下使用的安全设备。

适时考虑增强车辆功能，目前可以考虑的一些选择有：频闪灯，在能见度差的环境下增加汽车的可见性。"穿越车前控制臂"确保孩子可以在车前安全距离外走过汽车。用数字或字母标识车顶。对外扩音系统提醒孩子注意危险情况。温度控制（空调）。车载乘客录像设备。

在出现可以应用和负担的新技术时，应该考虑是否适合校车适用。一些新的成果有：

全球定位系统（GPS），用于车辆跟踪定位。

记录汽车运行路线的电子记录设备。

学生识别设备。

预警或报警设备。

II. 校车运营方针

各州、各学区都应该根据以下几点，以书面形式制定校车运营流程：

学区须围绕应急程序和应变计划制定一系列政策和指导方针，以应对撞车、学校意外关闭、临时更改路线等情况。

各州都应该通过立法为校车在公路停车、学生上下车提供统一的流程，实施宣传教育活动，将这些流程和方针告诉开车群体。

各州及校车运营方都应该具备相关政策，以有效控制每位校车司机的每日开车时间。

校车行驶过程中，所有乘客都应坐好。

在配有安全带的校车上，只要车在行驶，乘客都必须系好安全带。

必须有效控制载客量，以确保每位乘客都有座位，给乘客提供最大限度的保护。座位是确保乘客安全最大化的关键，通过座位将乘客隔开已被证实为有效的安全策略。

每辆校车的乘客数量不能超过车辆制造商的额定载客量。座位应该根据所载乘客的体型大小进行调整。

紧急出口必须随时畅通。所载行李及其他物件必须放置妥当，以确保能空出通道，车门和紧急出口必须随时保持畅通无阻。

学区必须具备相关的书面规定，指出在用来运送学童的校车上，哪些行李、哪些物品可以放在载客区。

学区应该通过某些流程，让公众知道：校车司机及从事其他学校运输的员工，都具备哪些技能，如何对他们进行培训，其职位都有哪些要求。

III. 车辆维护

各州都应建立起满足以下标准的维护流程：

校车维护应遵照系统的预防性养护方案，在安全的操作环境下进行。

校车司机应在每日接送前后进行安全检查、记录下所有的机械问题并及时报知维护人员。

所有校车都应根据所在州批准的检查方案受检，每年至少一次。

所有校车都不应低于联邦和各州规定的校车结构标准。

校车维护人员应熟知制造商提供的车辆维护建议，并掌握与这些建议相符的维护流程。

IV. 小学生运输安全补充建议

所有学生都应该接受安全乘坐校车步骤的常规培训，其中包括如何正确地上下车，在往返于校车停靠站的过程中如何正确地穿越人行横道。此外还要接受紧急疏散培训。

当地的学校行政人员以及执法机关应该合力创办交通协管计划。

当地的学校行政人员在学校内建立的客运车辆上下车地点，应该与校车的上车区域隔开。

三、校车司机岗位聘用与培训规范

校车司机是校车行业链中最重要的环节之一。就这点而言，所有的司机都应当且需要接受培训与监管，并办理入职手续以及有助其承担重大职责的规范。虽然每个学区和校车雇主的规范因地而异，所有校车司机除了必须拥有商业司机驾驶执照外，还需将一些额外的规范标准化。

I. 校车司机聘用条例与标准

筛选、聘用及雇佣校车司机，应符合以下要求：

制定聘用或拒聘申请人的明确书面标准。

制定并在招聘时使用书面申请文件。

为每位申请人安排面试。

聘用前后要持续审查司机驾驶记录。

聘用前后要持续对司机进行药物和酒精筛查。

聘用前后要安排司机体检。

聘用前后要定期审查司机犯罪记录。

聘用前进行路考，聘用后要年审。

每年实施国家批准的培训与考核方案。

定期评估以确保司机驾驶技能达标。

进行在职培训和考核，确保司机掌握相关驾驶知识。

司机需证明可以执行书面说明并拥有准确录入数据的能力。

II. 校车司机培训

在从事学生运输工作之前，所有校车司机都应该完成职前培训和测试过程（其中包括课堂培训和公路培训），并且必须成功通过笔试和路考，以证明是否充分掌握相关政策、交通法规，是否掌握了驾驶技能。

司机培训、指导及其规程应该遵循以下几点：

进行安全高效的学生运输应遵循的规定和政策。

操作校车设备的相关指导。

校车反光镜系统的调适和使用。

每日出发前和返回后，对车辆进行安全检测。

安全驾驶技术，包括防御性驾驶技巧。

乘客上车、下车的流程。

进出校区的流程。

学生管理。

事故应急系统，包括疏散方法和应急设备的使用。

基本的急救流程。

铁路平交道口的安全规程。

如何遵循路线指令和地图示意。

在条件许可的情况下，适当使用电子通讯手段，包括无线通讯和 GPS。

正确的加油步骤。

接送学生参加校外活动时候应该注意的法律法规。

引擎空转方面的规定。

与员工、学生及其家长的有效沟通。

文化多样性，包括存在语言障碍时如何进行有效沟通。

得体的职业态度和行为。

客户服务技巧。

运输完成后，检查校车内部，确认所有学生都已下车。

乘客安全设备（包括安全座椅及其他设备）的使用与获取。

四、学校运输安全与应急措施

近些年发生的事情让人们越来越意识到，面对违规操作及其他安全问题，学校及学校运输容易受到影响。因此，学校运输部门的领导和其他人应该持续地评估校车运输规程，以确保学区对于安全与应急措施给以充分的关注和安排。

I. 风险分析

学校官员应当对校车运输的环境及其他环节进行评估，确定一切可能的风险。这些风险不仅要识别出来还要分出优先级。潜在的危险包括违规操作、意外事故、学生行为问题、道路危险、天气问题、恐怖活动和其他影响正常运输的潜在隐患。

一旦危机确立后，学区就要行动起来，制定文件计划应对这一问题。计划应该包括警察、火警、911报案中心、当地社区人员及学校相关人员等一切资源。

计划制定后，就要开始着手定期训练，以帮助全体人员熟悉计划的开展。

II. 安全准备

全部系统的安全审查应由学校行政人员、执法者、火警和紧急救援人员进行，判断执行过程中的优劣。安全审查应包括：

审查当前安全计划、政策和程序。

审查当前的沟通计划，确保地方执法者、消防应急救援服务部门与学校行政人员及家长相互配合。

审查现有人员安全规程，以建立指挥系统。

III. 安保计划与规程

各州和联邦国土安全局在批准本指南时，安保计划与规程必须被包括到指南中，必须以确保学生的安全为第一要务。

州政府、校董事会必须建立和批准联系家长及警卫的通讯指南。

安保计划中必须明确关键决策人，包括校董事会成员和交通官员，并且必须建立适当的通讯指挥系统。

每辆校车都必须安装适当的通讯设备，以便能联系到司机。

随着GPS和定位技术的发展，校车运营者必须将这些技术整合到校车车队中。

州交通官员和交通运输行业的代表人员必须与交通安全管理局及美国国土安全局协作，制定校车安全培训材料，并建立全系统的跟踪项目以便监控与安全有关的校车事故。

学区和校车公司应当提供诸如校车值班表、交通安全注意事项以及其他材料，以便提高司机对于校车运营中薄弱环节的安全意识。应当鼓励校车司机参加有关帮助辨识与报告可疑活动的培训。

IV. 学校交通系统员工审查及培训

所有校车司机及服务人员在雇佣前必须接受犯罪记录调查。

校车司机及服务人员必须接受疏散规程的培训与测试。

学区必须指导学生学习校车紧急疏散规程并定期举行校车紧急疏散演习。